Clara et les Poneys

Mireille Mirej
Bruno Pilorget

Premiers Galops

À Agnès, Camille(s) D. et P., Sergio,
mais aussi tous ceux qui assurent un bel avenir
à leurs poneys et chevaux.

M. M.

Crédit photographique de couverture :
© Gérald Buthaud - Sunset

www.editions.flammarion.com

Editions Flammarion, 87 quai Panhard-et-Levassor – 75647, Paris cedex 13
ISBN : 978-2-0812-4779-6 – N° d'édition : L.01EJEN000583. C002
Dépôt légal : mai 2011
Loi n°49-956 du 16 juillet 1949 sur les publications destinées à la jeunesse

Premier Galop

~ Épisode 1 ~

1

Vers l'inconnu

Quand le van freine devant une large barrière vernie, les battements de mon cœur s'accélèrent.

Nous sommes dans un tout petit village, comme le mien, mais devant un grand poney-club, bien différent de celui que Liane et son frère Hugo sont en train de construire dans la ferme voisine de ma maison.

– Allons-y, dit Liane, en coupant le moteur. Les enfants, vous sentez-vous prêts pour passer votre Premier Galop ?

– Oui ! claironne Lise, ma demi-sœur, toujours sûre d'elle.

– Couci-couça, marmonne Célestin, un Parisien de mon âge qui passe le mois de juillet avec nous à la ferme.

– Et toi, Clara ? demande Liane. Pourquoi ne réponds-tu rien ?

– J'ai le trac ! dis-je dans un murmure.

– Cela n'en vaut pas peine. Je vous ai dit que ce premier examen n'était qu'une formalité.

Je soupire :

– C'est parce que nous ne sommes pas chez nous.

– Je sais, conclut Liane en sautant de la cabine, mais je ne peux pas vous faire passer de Galop, tant que le poney-club n'est pas ouvert officiellement. En venant chez mon amie Carole, vous allez pouvoir vous confronter à d'autres cavaliers. Cela vous fera le plus grand bien. Si nous descendions Apache…

Apache est l'unique double poney de notre cavalerie, que nous devons nous partager, Lise, Célestin et moi. La ferme regorge pourtant de poneys depuis quelques jours*, mais, hélas, ce sont tous des Shetlands, et Liane a jugé que nous étions trop grands pour nous présenter à l'examen sur d'aussi petites montures. Malgré nos questions, impossible de savoir comment nous allons nous débrouiller à trois avec un seul poney.

Dès que le pont est baissé, je détache l'Apaloosa et le guide vers le bas. En cortège, nous pénétrons dans la cour cernée de stabulations pleines de poneys. Apache trompette aussi fort que ses congénères pour les présentations d'usage.

---

* Voir le tome 3, *Shetland ou double poney ?*

Une femme aux cheveux mi-longs et au visage très souriant s'élance à notre rencontre. Elle serre Liane dans ses bras, puis nous embrasse l'un après l'autre.

– Venez ! dit-elle. Nous allons installer votre poney dans un box, en attendant l'heure de la reprise. Puisque c'est toi qui le mènes, ajoute-t-elle en se tournant vers moi, je propose que tu le montes tout à l'heure.

Je cligne des yeux sans oser lui répondre et pense : « Ça, je ne vois pas qui je pourrais monter d'autre, puisque nous n'en avons amené qu'un ! »

Malgré sa gentillesse évidente, Carole m'intimide et je la suis en silence. D'ailleurs, j'ai mieux à faire que de bavarder, car Apache danse la samba en pénétrant dans une nouvelle cour où doubles poneys et chevaux curieux tendent la tête au-dessus de la porte de leurs box.

– Et voilà ! reprend la propriétaire du club en désignant un box vide. Tu peux le mettre ici.

– Merci !

Je guide Apache à l'intérieur et commence à lui enlever ses protections de voyage : guêtres, protège-queue et couverture nid d'abeille.

Au moment où Célestin s'apprête à me rejoindre dans le box, Carole intervient.

– Je pense que ton amie pourra s'en sortir seule. Je vais vous montrer vos poneys.

Liane fait un petit sourire en coin, tandis que la bouche de Lise s'arrondit, mi-inquiète, mi-enjouée :

– Nous ne monterons pas Apache, Célestin et moi ? demande-t-elle.

– À trois sur le même poney, cela serait difficile de vous juger en reprise, s'exclame Carole.

– Tu étais au courant, Liane ! ronchonne Célestin. Et tu ne nous as rien dit.

– Liane adore les surprises, dis-je. C'est plus fort qu'elle, elle ne peut jamais s'en empêcher !

– Eh oui ! dit Liane. Clara estime que j'ai le goût du mystère ! Allons, ne retardons pas Carole ; je pense que son emploi du temps est plus chargé que le nôtre.

Le groupe s'éloigne, me laissant face à un Apache déchaîné, qui se dresse à demi sur ses postérieurs pour tenter de saluer de plus près le cheval du box voisin. Je me sens vraiment isolée dans ce club inconnu, maintenant que les miens ont disparu.

Heureusement, lorsque j'ai fini de débarrasser Apache de son équipement, une fille un peu plus vieille que moi stoppe net devant le box.

– Salut ! dit-elle. Je m'appelle Camille.

– Bonjour ! Moi, c'est Clara.

– Je sais. Carole m'envoie te chercher pour te faire visiter les installations.

– C'est gentil, mais je ne sais pas si je peux laisser Apache : il n'arrête pas de faire l'andouille !

– Il ne peut rien lui arriver, ne t'inquiète pas.

Je grattouille Apache derrière les oreilles, en lui faisant quelques recommandations, puis pars à la découverte des lieux derrière Camille.

– Là, c'est le manège où vous monterez tout à l'heure, indique-t-elle en pointant le doigt vers un grand bâtiment en bois blond.

– Ouah ! Je n'ai encore jamais travaillé dans un manège.

– Ah bon ! dit-elle intriguée. Où montes-tu, alors ?

– Nous n'avons encore qu'un rond en plein air. Les travaux de notre poney-club sont loin d'être terminés.

– Ici, il y a deux manèges et deux carrières.

– Fais voir !

Camille m'entraîne à sa suite vers deux immenses rectangles de sable, dont un est envahi d'obstacles colorés.

– C'est super grand, ici, dis-je. Combien avez-vous de poneys ?

– Douze Shetlands, vingt doubles poneys et plus de vingt-cinq chevaux.

J'en reste bouche bée.

– C'est un des plus grands poney-clubs de la région, reprend-elle très fière, mais cela fait longtemps qu'il existe. Nous venons juste de fêter ses vingt ans. Il paraît que Carole a commencé avec presque rien. Évidemment, je n'étais pas née. Je te dis juste ce qu'on m'a raconté…

2

Une histoire horrible

À force de déambuler dans les écuries et de caresser des bouts de nez de toutes les couleurs, nous tombons sur Célestin qui panse un poney bai cerise.

– Il a de la chance, ton copain, dit Camille. Carole lui a confié Diva, c'est un de mes poneys préférés.

– Ah ! répond Célestin. Comment est-il ?

– C'est un amour… Il faut seulement que tu gardes les mains fixes au trot, parce qu'il a la bouche très sensible. Si tu l'enquiquines, il risque de te donner des coups de tête.

– Merci du conseil.

– Sais-tu où est Liane ? dis-je.

– Non, mais tu trouveras Lise dans un box juste après l'angle, là-bas.

– J'y vais. À tout à l'heure…

Ma demi-sœur est appuyée contre la porte d'un box et elle contemple son poney sans bouger.

– Bonjour ! lance Camille. Tu as déjà fini de panser Gargouille ?

– Elle est propre, répond Lise. Pourquoi voudrais-tu que je la nettoie encore ?

– Je serais à ta place, je lui donnerais quand même un coup de brosse, conseille mon accompagnatrice. Elle n'est pas si propre que ça, et Carole déteste qu'on ne soigne pas bien les poneys. En plus, je te signale que le pansage compte pour le Premier Galop.

– Ah ! s'exclame Lise. Zut ! Tu ne veux pas m'aider, Clara ?

– Non, désolée. Je retourne voir si Apache s'est calmé. On se retrouve plus tard.

– Elle exagère, critique Camille dès que nous nous sommes éloignées. C'est une de tes copines ?

– Ma demi-sœur. Elle a un petit poil dans la main, mais finalement on ne s'entend pas trop mal.

– Un petit poil ? Tu veux dire une grande crinière. Gargouille avait plein de paille dans la queue et le poil souillé. Et ta demi-sœur la trouvait propre…

Je hausse les épaules :

– Chacun son truc. Lise n'aime pas se salir les mains.

Quand nous parvenons au box d'Apache, Liane s'y trouve déjà.

– Il est en sueur, explique-t-elle, parce que la présence de chevaux inconnus l'énerve. Dès que tu auras passé la théorie du Galop 1, je pense que tu devrais le seller et aller le détendre quelque part. Nous demanderons à Carole si tu peux t'installer dans un manège…

– Pas la peine, j'emmènerai Clara faire un tour sur le plateau, propose Camille. Il y a à peine deux cents mètres de route goudronnée et, ensuite, un sentier très sympa qui grimpe dans la campagne. Rien de mieux pour calmer un poney !

– Quel âge as-tu Camille ? demande Liane en l'observant attentivement.

– Douze ans, mon Galop 4 et un poney qui ne bouge pas une oreille, en demi-pension pour tout juillet !

– Comment as-tu deviné que je voulais en savoir plus avant de te confier Clara ?

– J'ai l'habitude. Carole est aussi une vraie mère poule pour ses élèves.

— Alors, merci, dit Liane. Viens, Clara, nous allons demander à Carole si tu peux passer maintenant.

Nous retournons dans la cour par laquelle nous sommes arrivés et attendons quelques minutes devant la porte du bureau. Soudain, celle-ci s'ouvre, et un garçon blond, au visage semé de taches de rousseur apparaît sur le seuil.

– Attends une seconde, dit la voix ferme de Carole qui le rejoint en quelques pas. Ne me dis pas que tu as révisé. Tu n'as pas répondu à une seule question. C'est vraiment dommage. Je suis certaine que tu aurais eu la pratique du Galop 2, mais sans la théorie, je ne peux même pas t'autoriser à monter.

Le garçon baisse la tête et ses yeux bleu clair se mettent à briller comme s'il allait pleurer.

– Dis-moi ce qui s'est passé, reprend Carole. Avais-tu un livre, au moins, pour revoir le programme ?

– Non !

– Tu as dit à ta mère que tu passais ton Deuxième Galop, aujourd'hui ?

– Oui.

– Et elle n'a pas acheté le livre ?

– Non… et pourtant, je lui avais donné des sous pour l'acheter. Mais, quand elle est allée faire des courses, elle a oublié.

Son air triste et ses paroles me fendent le cœur. Pauvre gosse !

À ce moment-là, je regarde Liane qui n'en mène pas large… comme moi. Carole, qui a l'air si gentille, ne peut pas priver ce gamin de son examen, parce que sa mère a dépensé son argent de poche pour faire ses courses au lieu d'acheter le livre indispensable !

Ensemble, nous nous tournons vers Carole. Surprise ! Elle n'a pas l'air triste du tout, on dirait même qu'elle est au bord du fou rire.

Le garçon lève la tête vers elle et se met à sourire.

– Mais non ! dit-il d'un air beaucoup plus joyeux. Je ne lui ai pas donné mes sous… Mais elle a oublié quand même.

– Oh ! dit Carole. Ça ne marche pas ! Je la connais, ta mère. Elle n'oublie pas les choses importantes. Dis-moi…

Il éclate de rire :

– C'est moi qui ai oublié de lui dire que je n'avais pas le bon livre et qu'il fallait en racheter un autre, parce que le programme avait changé.

– Changement de programme ou pas, si tu avais ouvert le « mauvais » livre, tu en saurais tout de même un peu plus, non ?

– Bon ! J'ai aussi oublié qu'il fallait réviser pour aujourd'hui.

– Gros malin ! murmure Carole. Tant pis pour toi, tu repasseras la prochaine fois. Et c'est moi qui préviendrai ta mère, cette fois.

Le garçon hausse les épaules et s'éloigne.

Carole soupire :

– Il monte génialement, mais… quelle tête en l'air !

– Et quel comédien avec son visage d'ange ! poursuit Liane. Nous avons bien failli vider le fond de nos poches pour l'aider. N'est-ce pas Clara ?

– Oh oui ! C'est sûr. J'avais envie de pleurer en écoutant son histoire. Il a même réussi à avoir les larmes aux yeux…

– Ah oui ! c'est un spécial, celui-là ! commente Carole. Je l'adore ! Veux-tu passer maintenant, Clara ?

– Oui, si c'est possible. Parce qu'Apache fait l'idiot dans son box et qu'il va finir par avoir un coup de chaud.

– À nous, alors !

3

Examen théorique

Il fait frais dans le bureau de Carole, mais je transpire à grosses gouttes et mes mains tremblent.

– Décontracte-toi, dit-elle. Ce n'est pas difficile. La théorie du Galop 1, c'est le B.A.-BA de l'équitation, mais c'est la première fois de ma vie que je passe un examen. C'est normal que je stresse !

– Parle-moi du matériel de pansage, dit Carole.

Blanc complet ! Je suis incapable de prononcer un seul mot, comme si j'avais perdu l'usage de la parole : la bouche sèche et une langue têtue qui refuse d'articuler le moindre son.

Pourtant, tout est là, dans ma tête. Pour un peu, j'en pleurerais.

– Clara ! dit Carole. Je sais que tu aides Liane depuis des mois et je suis convaincue que tu connais cela par cœur.

Je secoue la tête de haut en bas, mais le « oui » ne sort pas non plus.

– Liane m'a raconté que tu rêvais depuis toujours de monter à poney et que c'était une grande passion pour toi. Moi aussi, quand j'étais petite fille, j'adorais les chevaux. Je montais dans un club et j'ai passé tous les examens jusqu'au monitorat d'équitation. Veux-tu que je te raconte l'histoire de ce poney-club ?

Je hoche la tête de nouveau.

– Lorsque j'ai eu vingt ans, un voisin de mes parents, qui avait quelques poneys dans un pré, a dû déménager en ville. Comme il connaissait ma passion pour les chevaux et avait confiance en moi, il m'a donné ses poneys. J'étais heureuse, mais aussi bien ennuyée. Je me demandais comment entretenir tous ces poneys, alors que je n'avais pas encore de travail.

Je l'interroge du regard.

– Mes parents m'ont aidée à acheter quelques prés et une petite maison et tous les gens que j'aimais, la famille, les amis… m'ont apporté leur soutien pour démarrer un poney-club.

– C'est génial ! dis-je.

Carole sourit : j'ai retrouvé ma voix.

– Au début, c'était plus petit. J'ai commencé tout doucement avec mon copain qui est devenu mon mari. Les années ont passé, nous avons acheté d'autres bâtiments et nous nous sommes agrandis. Cela fait vingt ans maintenant que le poney-club fonctionne.

– Je sais, Camille me l'a raconté. C'est vraiment un super club !

– Dans lequel tous les cavaliers pansent leur poney ou leur cheval avant de monter dessus. Et toi ? Tu le fais ?

– Bien sûr !

– Comment t'y prends-tu ?

– D'abord, je passe l'étrille en rond sur les parties charnues...

Au bout d'une dizaine de minutes, Carole me libère en me félicitant :

– Tu sais beaucoup de choses, Clara. Tu as répondu à mes questions plus complètement que tu ne le devais. À mon avis, je te reverrai bientôt pour le Galop 2, car au rythme auquel tu sembles apprendre, Liane et Hugo n'auront pas eu le temps d'ouvrir leur poney-club...

– Merci Carole. Tu es vraiment très très gentille!

– C'est normal ! J'ai bien senti que c'était la peur qui te bloquait et non l'absence de révisions, comme le canaillou que tu as vu sortir de mon bureau. À tout à l'heure sur ton poney !

La bonne chaleur du dehors me permet de reprendre mes esprits. Malgré ce succès, je ne suis pas fière de moi : quelle froussarde !

Dans la cour, des cavaliers du club attendent leur tour. Comme je ne connais personne, je file directement voir Apache, toujours aussi excité.

– Allez, mon grand, nous allons nous calmer tous les deux en promenade.

J'ai vite fait de lui mettre son filet et sa selle, puis je le sors du box. Cette petite escapade va nous faire du bien. Je guide Apache d'une cour à l'autre et retrouve Camille terminant de préparer un grand poney gris pommelé.

Nous conduisons nos montures dans la première cour, face au bureau de Carole, ressanglons et sautons en selle. La barrière passée, nous prenons à droite par la rue du village jusqu'au sentier dont Camille a parlé.

C'est un joli chemin qui grimpe entre deux pâtures où broutent des chèvres. Apache les regarde, intrigué, mais ne s'inquiète pas de leur présence. Le troupeau ne lève même pas la tête, il doit être habitué aux poneys.

Après une bonne montée durant laquelle Apache grappille quelques feuilles au passage, nous aboutissons à un plateau où serpente tranquillement notre chemin. Je continue au pas, rênes longues, tant Apache est détendu.

Je suis vraiment heureuse de cette bonne entente avec mon poney. S'il est aussi mignon tout à l'heure, nous aurons l'examen pratique sans problème.

Je me trouve tellement sotte d'avoir paniqué devant Carole ! Mon cœur s'est calmé, je ne transpire plus. Pfuitt ! Le trac a réellement disparu.

De mon perchoir, je contemple la campagne environnante, presque aussi jolie que la mienne, celle que je vois de ma fenêtre depuis que je suis toute petite !

– Si nous trottions, propose brusquement Camille.

– Bonne idée ! Ce sentier est trop sympa pour se contenter de marcher au pas…

Rajustant mes rênes, je mets Apache au petit trot en veillant à respecter une distance de sécurité entre Cumulus, le poney de Camille, et le mien.

Dans une belle courbe, nous nous offrons même un temps de galop. C'est vraiment génial de se promener à poney ! J'adore ça ! Et le paysage est toujours plus beau vu d'en haut…

Tranquillement, nous repassons au pas, je caresse Apache longuement :

– Tu es un amour de poney.

Il secoue un peu les oreilles ; je suis certaine qu'il a compris le sens de mes paroles. Puis, je jette un coup d'œil à ma montre : cela fait près d'une demi-heure que nous sommes partis…

– Camille ! Tu ne crois pas que nous devrions rentrer ? J'ai peur de manquer le début de la reprise.

Mon accompagnatrice vérifie l'heure :

– Tu as raison. Demi-tour !

– Mon pauvre Apache, dis-je en lui faisant décrire un demi-cercle, j'aimerais continuer avec toi jusqu'au bout de la Terre, mais ce sera pour une autre fois... Des choses plus sérieuses nous attendent.

Nous trottons sans nous presser vers le poney-club.

4

Après la théorie, la pratique…

Au club, nous mettons pied à terre près de Liane, Lise et Célestin.

– Alors, cette promenade ? demande Liane.

– Géniale !

– Presque tous les candidats ont passé la théorie, poursuit Liane. Lise et Célestin sont reçus, comme toi !

– Facile ! s'exclame Célestin. J'ai répondu à tout.

– Moi, avoue Lise, j'ai séché sur une ou deux questions, mais Carole m'a aidée. Je lui ai dit que je faisais des efforts, mais que je détestais apprendre des leçons, parce que ça me fait trop penser à l'école.

– Qu'a-t-elle répondu ? demande Liane.

– Elle m'a prévenue que le Galop 2 était tout de même plus difficile et qu'il faudrait faire des efforts… Et elle a ajouté que le poney n'est pas obligatoire comme l'école ; quand on peut choisir, il faut savoir aller jusqu'au bout.

– Elle a raison, approuve Liane.

Lise et Célestin vont chercher leur poney. Moi, je laisse Camille, après l'avoir remerciée, et me rends dans le plus grand des deux manèges. Petit à petit, d'autres cavaliers me rejoignent.

– D'abord les Galop 1, dit Carole en entrant dans le bâtiment rectangulaire. Les autres peuvent aller détendre leur monture dans la carrière.

Nous nous alignons au milieu du manège.

Comme mon poney est déjà prêt, je regarde les autres ressangler et régler leurs étriers. Carole aide les plus petits à se mettre en selle. C'est Célestin qui devient chef de reprise avec Diva. Lise et Gargouille se glissent dans la colonne des cavaliers, et Carole m'installe à la queue, afin qu'Apache ne donne pas de coups de pied à tous ces poneys inconnus.

Dans la file, c'est un peu la débandade, et, seul mon poney, fatigué par notre promenade, reste à sa place. Carole hausse le ton :

– Si vous n'êtes pas capables de maintenir votre poney sur la piste, ce n'est pas la peine d'espérer avoir votre Galop !

La grosse voix de la monitrice fait son effet. Je ne sais pas si ce sont les cavaliers qui ont eu le plus peur de cet accès de colère ou les poneys… En tout cas, les choses finissent par rentrer dans l'ordre.

Nous marchons au pas, puis trottons et Carole détaille notre position. Je vois bien qu'elle regarde Célestin, Lise et moi plus que ses cavaliers.

Normal ! Elle ne nous connaît pas…

– Attention ! À trois, vous vous arrêterez. Un, deux, trois, arrêt !

Apache a stoppé dès que j'ai serré mes doigts sur les rênes et, comme je suis la dernière, personne n'a joué aux autos tamponneuses. Devant, ce n'est pas la même chose ! Comme les poneys ne se sont pas arrêtés en même temps, certains se sont mis en travers ou ont dépassé en partie le précédent.

– Enfin ! s'exclame Carole. Qu'avez-vous aujourd'hui ? C'est l'examen qui vous perturbe ? Remettez-vous au pas et sur la piste !

Elle n'est pas sévère, Carole, mais énergique, et elle a la voix bien posée. C'est agréable.

– À trois, vous vous arrêterez. Un, deux, trois, arrêt !... Ah ! c'est nettement mieux. Caressez ! Marchez au pas...

Derrière Célestin, nous effectuons quelques figures de manège au pas, changeons de main, trottons.

– Maintenant, nous allons galoper, annonce soudain Carole. Vous vous sentez tous à l'aise au galop, n'est-ce pas ?

– Moi, je n'aime pas trop ça, dit une voix.

– Il n'y a aucune raison d'avoir peur, répond Carole. Et c'est obligatoire pour l'examen. Ajuste tes rênes, tout ira bien.

Nous lançons nos poneys au galop. Habituée à ne travailler qu'avec Lise et Célestin, j'ai l'impression que tous ces sabots font comme un bruit de tonnerre.

Avec le temps sec des derniers jours, un nuage de poussière s'élève rapidement et nous sommes obligés de ralentir. Quel dommage ! Je suis certaine qu'Apache s'est amusé autant que moi à poursuivre la file de poneys.

Pendant que nous laissons les rênes longues à nos montures et marchons au pas, Carole rejoint Liane à la tribune du manège. Elles nous regardent, tout en parlant.

Derrière elles, j'aperçois le garçon de tout à l'heure. Maintenant, il a vraiment l'air triste. Je suis certaine qu'il regrette d'avoir été éliminé à l'épreuve théorique. J'essaierai de lui dire un mot tout à l'heure pour lui redonner le sourire qu'il avait en avouant son mensonge.

Carole reprend la parole :

– Vous êtes tous reçus à l'épreuve pratique et vous recevrez vos diplômes dans quelques jours. Je voudrais dire un grand bravo à Célestin, Lise et Clara qui ne sont pas du club, mais se débrouillent très bien.

Tous les regards se tournent vers nous et je me sens rougir jusqu'à la racine des cheveux. Je préférais l'indifférence que nous manifestaient les autres cavaliers à cette soudaine curiosité !

– Félicitations aussi à leur monitrice ! ajoute Carole.

Ouf ! du coup, tout le monde regarde maintenant dans la direction de Liane.

– À la fin de la semaine prochaine, nous organisons un petit concours de saut d'obstacles. Ceux qui ne seront pas partis en vacances pourront s'y inscrire. Et pourquoi pas nos trois invités...

Un concours ! Voilà autre chose ! Jusqu'ici je n'ai sauté que des barres minuscules... Pourvu que Liane refuse de nous amener !

5

Retour au bercail

Dans le van qui nous ramène à la maison, Liane nous complimente :

– Carole vous trouve excellents, et je suis vraiment fière de vous. Merci beaucoup !

Je mâche et remâche la question qui me brûle la langue depuis notre départ, quand, soudain, Célestin la pose à ma place :

– Alors ! On le fera, ce concours ?

– Pourquoi pas ? répond Liane.

– Mais… on ne sait presque pas sauter ! dis-je.

– Vous avez déjà passé des obstacles, réplique Liane. Ce qui vous manque, c'est de savoir enchaîner plusieurs sauts. Cela nous laisse un peu de temps pour y travailler…

– Moi, dit Lise, ça me semble très amusant.

– Moi aussi, ajoute Célestin. Et monter des doubles poneys qu'on ne connaît pas, c'est hyper bien.

– Quel club ! s'émerveille Lise.

– Je suis certain que le nôtre sera aussi beau que celui-là, dit Célestin, et… avant vingt ans !

Personne ne s'aperçoit que je reste muette comme une carpe. Ils sont bien trop occupés à commenter les événements de l'après-midi.

À la ferme, nous retrouvons Hugo entouré de la meute des chiens. Le frère de Liane, blanc de plâtre des pieds à la tête, est assis sur une grosse pierre devant l'écurie.

– Je suis éreinté, dit-il. J'ai poncé les murs du futur dortoir toute la journée ! Et vous, alors ? Votre journée s'est bien passée ?

– On est les meilleurs ! chantonne Lise. On a eu notre exam' tous les trois ! C'était super sympa…

– Tant mieux ! Cela ne m'étonne pas de vous et de notre Liane, monitrice d'exception ! Allez, je file prendre une douche et, ce soir, repos complet !

Liane descend Apache du camion, puis le lâche dans le pré où il se précipite à la rencontre de ses copains en roulant un peu des mécaniques.

– On dirait Lise, s'exclame Célestin. Toujours très content de lui !

L'intéressée lui envoie une grande bourrade dans les côtes :

– Je te préviens, si tu redis ça une seule fois, je te plonge la tête dans l'abreuvoir.

– Tu n'es même pas capable de m'avoir à la course ! s'écrie Célestin qui démarre en trombe.

Ils se poursuivent dans la cour en riant, puis Lise revient vers moi :

– C'est vrai que j'ai toujours l'air contente de moi ?

– Un peu… mais je te connais, tu fais semblant !

Là, Lise me surprend, elle se jette sur moi et me plaque un gros baiser sur la joue. Je crois bien que c'est la première fois de notre vie qu'elle m'embrasse sans que Papa ou Maman le lui ait demandé.

– Je l'aime bien, Célestin, explique-t-elle, mais il ne comprend rien aux filles. Entre sœurs, on est sur la même longueur d'ondes, au moins.

Cela lui a fait du bien, à Lise, d'aller voir du pays ! Et, même si « Célestin ne comprend rien aux filles », nous formons un trio d'enfer. Pourvu que ce mois de juillet ne passe pas trop vite… et, surtout, que le jour du concours approche très lentement !

Liane nous rappelle à l'ordre :

– Qui vient m'aider à nourrir ? Qui veut bien travailler un peu ?

Nous courons vers elle et reprenons nos habitudes du soir. Il faut rentrer Okelamour, Réglisse, Menthe, les poulains, et leurs mères, Jade, Java et Pomme d'Api, à l'écurie, puis leur distribuer leur ration de granulés.

Ensuite, Célestin et moi allons chercher les deux chevaux, Bug's et Bunny, dans la pâture la plus éloignée des bâtiments.

Pendant ce temps-là, Lise et Liane remettent de l'eau dans les abreuvoirs du pré où broutent les Shetlands que nous montons tous les jours, et Sable d'Or, mon double poney adoré, qui est encore trop jeune pour porter un cavalier sur son dos.

Ensemble, nous rendons visite au grand troupeau de poneys, en pension à la ferme pour l'été, et nous vérifions le niveau d'eau de la citerne qui est à leur disposition.

La fatigue commence à peser, mon estomac gargouille ; nous rentrons à la maison, Lise et moi.

C'est le tour des parents de nous poser des questions et je laisse Lise raconter. Elle est tellement excitée par tout ce qu'elle a vu et fait que plus personne ne peut placer un mot.

Papa sourit : il a l'air heureux que sa fille aînée soit d'aussi bonne humeur.

– Et toi, Clara ? finit-il par demander, lorsque Lise s'interrompt pour reprendre son souffle.

– Oui. C'était très bien.

– Pas plus que ça ? demande Maman.

– Si… mais Carole nous a proposé de participer à un concours et nous ne sommes pas prêts du tout.

– Ne t'affole pas, coupe Lise, si nous sommes mauvais, personne ne pourra nous en vouloir, on a quand même le droit d'être débutants.

Je hoche la tête, pas convaincue du tout. Je ne veux pas avoir l'air ridicule, c'est mon problème, non ?

6

Toujours plus !

Nous nous retrouvons tous les jours dans le rond de travail. Au programme, évidemment : saut d'obstacles !

Nous n'avons toujours qu'un double poney à nous partager, mais cinq Shetlands : Carton, Crevette, Caramel, Apollon et Tornade, pour parfaire notre entraînement.

Hugo participe à nos séances en nous confectionnant de petits parcours sur l'esplanade qui jouxte le rond. Il dit qu'il a une indigestion de travaux et, qu'en attendant le matériel nécessaire à la fabrication du manège, il a bien le droit de marquer une petite pause.

Nous sommes contents de l'avoir avec nous : il tient un peu le rôle du grand frère tendre et blagueur. J'adore Liane, aussi, bien évidemment. Mais, ce n'est pas pareil, elle est nettement plus sérieuse !

Au début, les obstacles sont microscopiques.

Liane veut nous apprendre à en enchaîner plusieurs pour que nous guidions correctement les poneys.

Ce n'est pas facile, parce qu'il faut penser à tout : se diriger sur un obstacle, donner des jambes pour que le poney saute, suivre le mouvement et, dès la réception, penser déjà au suivant. Un vrai casse-tête !

Les poneys profitent de notre manque de savoir-faire. Tantôt ils refusent de sauter et pilent net devant les barres, tantôt ils se dérobent et passent à côté. Une fois sur deux, nous, les pauvres cavaliers, sautons à leur place... ou plutôt nous écrasons dans le sable après un joli vol plané.

De temps en temps, le choc est rude et provoque un flot de larmes au coin des yeux... que nous retenons. Aucun de nous trois ne souhaite être pris pour une mauviette.

Le plus souvent, nous roulons sans mal et courons après notre poney, afin de ne pas le laisser sur l'impression que nous ne sommes pas le maître.

Petit à petit, nous faisons des progrès, et Hugo monte les barres ou élargit les obstacles carrés qu'on appelle des oxers.

Le soir, quand un peu de fraîcheur descend sur la campagne, Hugo et Liane harnachent leurs chevaux. Nous pansons et sellons des Shetlands du grand troupeau que Liane veut tester avant de décider s'ils resteront à la ferme ou repartiront à la fin de l'été.

Après une détente dans le rond de travail, nous partons tous les cinq en promenade à travers champs et bois.

Cela fait presque trois heures d'équitation par jour et beaucoup d'autres occupations autour des poneys. Par exemple, nous sommes chacun responsable d'un poulain. Liane m'a confié Okelamour le têtu. Lise s'occupe de Menthe, et Célestin, de la timide Réglisse.

Chaque matin, nous leur mettons un licol et une petite longe. Au début, nous les laissons aller où ils veulent en les suivant pas à pas. Puis, nous commençons à imposer notre itinéraire.

Lorsqu'ils sont bien calmes, nous les caressons, les brossons doucement, passons nos mains sur leur tête et leur prenons les pieds. Ces gestes ont pour but de les apprivoiser au maximum. Hugo et Liane estiment qu'un poulain ne doit pas grandir en sauvage, mais tout apprendre par la douceur.

– Ce que vous faites permettra de les débourrer* plus facilement quand ils en auront l'âge, explique-t-elle. Et ce sera utile pour d'autres situations que vivent les poulains bien avant d'être adultes.

– Quel genre de situation ? demande Célestin.

– La venue du maréchal-ferrant, par exemple… La corne des sabots pousse tout le temps, comme vos ongles. À l'état sauvage, les chevaux l'usent raisonnablement en marchant tantôt dans l'herbe, tantôt sur des roches ou d'autres surfaces dures. Les chevaux domestiques sont ferrés, afin que leurs sabots soient protégés. Leur ferrure doit être refaite toutes les six semaines environ.

– Mais les poulains n'ont pas besoin d'être ferrés, intervient Lise.

---

* Dresser un cheval à être monté.

– Justement ! répond Liane. Pour les poulains, les poulinières et l'ensemble des chevaux qui passent leur vie au pré, la corne ne s'use pas assez. Le maréchal-ferrant doit donc venir au moins deux fois par an, parer les sabots, c'est-à-dire rogner la corne. Si on ne le fait pas, cela peut entraîner de mauvaises postures…

– Rendre le cheval boiteux et même abîmer son dos, dis-je.

– Exact ! Comme si vous deviez supporter de mauvaises chaussures… Bref ! conclut Liane, il faut que les poulains donnent correctement leurs pieds dès leur plus jeune âge pour faciliter ensuite le travail du maréchal-ferrant.

J'adore m'occuper d'Okelamour. Ce coquin n'est pas très facile à diriger, parce qu'il n'a peur de rien… surtout pas de mon autorité ! Par contre, je peux le toucher à n'importe quel endroit de son corps, sans qu'il frémisse une seule fois.

Avec Menthe, Lise n'a pas trop de soucis. Le plus difficile est de l'empêcher de jouer avec son copain Papattes, le teckel, le temps nécessaire aux soins quotidiens.

Célestin apprivoise très lentement Réglisse. Souvent, Hugo ou Liane sont obligés de venir l'aider à l'attraper. Impossible de toucher sa tête, et encore moins ses pieds !

En plus des heures à poney et des soins aux poulains, il faut nourrir tout le monde, ne jamais oublier de vérifier les abreuvoirs, nettoyer les litières... mais aussi jouer avec les six chiens de la ferme qui réclament leur part d'attention et nous amuser un peu tous les trois...

Les journées sont drôlement remplies ! Nous dévorons comme des ogres et nous nous écroulons, le soir, complètement épuisés.

7

Comme si nous y étions...

– Aujourd'hui, annonce Liane, nous allons faire semblant d'être à un vrai concours. D'accord ?

Nous levons la tête dans un bel ensemble et les brosses qui frottent les poneys restent en suspens quelques instants.

– Je vous ai concocté un parcours aux petits oignons, signale Hugo.

– Et vous allez faire les choses dans les règles de l'art ! ajoute Liane. Préparez chacun deux poneys et amenez les six au rond sans trop traîner. Nous aurons ainsi plus de concurrents !

Le frère et la sœur s'éloignent ; nous nous entraidons pour terminer le pansage de nos montures et les seller le plus rapidement possible.

Tenant chacun deux poneys par la bride, nous rejoignons bientôt Liane et Hugo.

– Laissez-moi les poneys. Hugo va vous faire reconnaître le parcours.

– Suivez-moi, dit-il. Avant un concours, on effectue le trajet à pied pour mémoriser l'ordre des obstacles, décider des changements de trajectoire et calculer les foulées nécessaires pour bien sauter. Il n'y a que six obstacles, ce n'est pas très difficile.

Nous marchons derrière lui, enregistrant le trajet sur lequel nous allons guider nos poneys, tout à l'heure. J'enregistre ses explications : d'abord le droit rouge et blanc, puis prendre à gauche vers l'oxer. Tourner pour sauter la haie et, ensuite, le mur…

– Pour terminer, je vous ai préparé un double formé de deux droits. Le plus dur sera de rassembler votre poney pour enchaîner sur le deuxième…

Après une dernière révision, nous retournons vers Liane.

– Lise, précise-t-elle, tu prends d'abord Apache, Clara, Crevette et Célestin, Carton. Laissez-moi les autres. Vous détendez vos poneys au pas puis au trot et, quand je vous le dirai, vous sauterez la petite barre d'entraînement qui se trouve dans le rond.

L'un derrière l'autre ou séparément, nous marchons, puis trottons dans les deux sens du cercle, afin d'échauffer correctement nos montures.

– Bien ! approuve Liane. Maintenant, vous pouvez sauter deux ou trois fois. Quand j'appellerai votre prénom, vous viendrez saluer devant moi. Savez-vous comment ?

– Oui, dis-je, il faut prendre ses deux rênes dans la main gauche, descendre l'autre main le long de la jambe droite et baisser légèrement la tête.

– Parfait ! Avez-vous tous compris ?

Célestin et Lise secouent la tête en signe de négation.

– Montre-leur, Clara !

Je guide Crevette vers l'intérieur du cercle, l'arrête net et effectue le salut que je viens de décrire.

– C'est cela… Merci ! Donc, celui que j'appellerai se dirigera vers moi, saluera, puis décrira une volte au petit galop. Dès qu'il entendra la cloche, il démarrera le parcours. Nous allons même vous chronométrer…

Liane et les trois poneys qui lui restent s'installent non loin du premier obstacle. Hugo se place à côté d'elle et règle sa montre.

– Lise ! appelle Liane. À toi.

– Souhaitez-moi bonne chance ! murmure-t-elle en dirigeant Apache vers l'étrange jury – deux humains et trois poneys ! – du concours.

Apache trottine puis stoppe au bon endroit, et Lise salue un peu maladroitement.

– Apache monté par Lise, annonce Hugo. Vous pouvez y aller, Mademoiselle.

Lise décrit un cercle et sursaute au son de la cloche qu'Hugo vient de secouer de la main gauche, tandis qu'il appuie sur son chrono de la droite.

Nous ne voyons pas le premier saut, parce que Carton et Crevette ont décidé de réagir au même son avec un temps de décalage et nous entraînent au petit galop sur la piste du rond.

Du coup, il n'y a pas d'autre saut, car Apache, voulant imiter ses copains, a démarré en trombe. Si nous parvenons à stopper les Shetlands, il n'en est pas de même pour Lise qui se fait éjecter quelques mètres plus loin.

– Mademoiselle, vous êtes éliminée, s'exclame Hugo. Eh oui ! Une chute est éliminatoire. Par contre, si vous n'avez mal nulle part, nous vous suggérons de remonter et de sauter une barre.

Lise n'a rien, elle est juste un peu vexée : tomber après le premier obstacle de son premier concours, même si cela compte pour du beurre, c'est rageant ! Elle saute un obstacle et nous rejoint.

– Clara, à toi ! dit Liane.

Je croise Apache, au moment où il revient dans le rond avec une Lise vaguement boudeuse. Me voici devant le jury, puis sur ma volte.

La cloche résonne, j'entame mon parcours. Le droit, l'oxer, la haie… Zut ! j'ai oublié le mur et sauté directement le double !

– Dommage, Mademoiselle ! reprend la voix très officielle d'Hugo. Cette erreur de parcours vous élimine de la compétition. Merci !

C'est Célestin qui réalise le premier sans faute avec Carton. Pourtant, les postérieurs du Shetland ont frôlé la barre du dernier obstacle, mais elle n'est pas tombée. L'honneur est sauf !

– Changez de poney ! ordonne Liane.

– Qui ? demande Célestin.

– Tous ! Vous ferez le parcours avec les six, dans l'ordre qui vous convient… sans oublier de détendre les autres entre-temps !

8

Tout près du jour J !

Dix-huit parcours plus tard (six chacun, trois par poney !), bon nombre de refus ou de dérobades à trois points et de barres tombées à quatre points, il n'y a que cinq parcours sans faute : deux pour Lise et moi, un seul pour Célestin.

Liane analyse la situation :

– Pour une première, ce n'est pas si mal, mais vous êtes étourdis et pas suffisamment concentrés. J'imagine que vous vous sentiez un peu stressés, même si ce n'était qu'un jeu. Il faut ab-so-lu-ment mémoriser l'ordre des obstacles. Si vous n'hésitez pas, vos poneys ont moins de chance de le faire. Plus ils galoperont franchement, moins ils s'arrêteront en route ou laisseront traîner leurs sabots sur les barres.

– C'était quand même génial, dit Lise. Qui est le meilleur ?

– Dans un concours pour faire semblant, répond

Hugo, on ne va tout de même pas désigner un semblant de gagnant !

– Oui, mais j'aimerais savoir...

– Si ça vous amuse, je compterai les points et prendrai en compte les temps que j'ai chronométrés, mais... quelle importance ?

– Tu as raison ! intervient Célestin. On s'en moque complètement.

– C'est parce que tu as perdu, coupe Lise, tu n'as fait qu'un seul sans faute.

– Oui, mais moi, je n'ai pas été éliminé pour chute, ricane Célestin.

Lise rougit :

– C'était la faute de la cloche. Pas la mienne !

– On doit toujours rester maître de son poney, dit Hugo, dans n'importe quelle situation !

– Bon, bon, reprend Lise. Finalement, ne compte pas les points. Cela me contrarierait vraiment d'être la dernière !

J'éclate de rire :

– C'était drôle ! On recommence quand ?

– Pas demain, prévient Liane. Après l'épreuve, le repos. Nous ne ferons que des promenades. Après-demain, ça vous va ?

– Super ! crions-nous en chœur.

Le matin suivant, Liane et Hugo nous annoncent une expérience d'un genre nouveau : balade dans la campagne avec poney de rechange !

Nous montons chacun un poney et en tenons un en longe. C'est très rigolo !

Au pas et au trot, se débrouiller avec deux rênes en mains et la corde de nylon de l'autre poney donne l'impression extraordinaire d'être un cow-boy ou un randonneur au long cours.

Au galop, cela se corse un peu, surtout pour moi qui monte Apache et tiens Caramel, puis inverse les rôles. Mes deux poneys ne galopent pas du tout au même rythme et Apache joue un peu trop le rôle de la locomotive traînant un pauvre petit wagon alezan à courtes jambes.

Lise n'est pas à la noce non plus avec Apollon, le fainéant, et Tornade qui porte vraiment bien son nom. Par contre, Célestin profite de l'accord parfait entre Carton et Crevette.

Sur la piste en boucle que nous utilisons souvent pour galoper, Lise supplie Liane et Hugo de repasser au trot :

– À l'aide ! C'est trop dur, j'ai les bras en grand écart. Je vais finir par lâcher !

Nous terminons par une course individuelle avec un seul poney pour bien en profiter, et rentrons.

Le lendemain, Liane nous fait essayer des culottes de cheval de compétition toutes blanches qu'elle mettait, enfant. Elle en a même retrouvé une qui appartenait à Hugo, pour Célestin.

– En concours, on doit être impeccable, explique-t-elle. La mère de Clara va vous fabriquer des vestes noires et des cravates. Vous n'aurez plus qu'à cirer vos bottes et brosser vos bombes.

L'après-midi, nous faisons une nouvelle séance d'entraînement, plutôt meilleure dans l'ensemble.

Hugo a changé le parcours et monte les droits de dix centimètres.

– Nous emmènerons Apache, Caramel et Tornade, dit Liane. Apollon est trop mou, il refuse les obstacles par manque d'impulsion. Il faudra le faire beaucoup travailler pour parvenir à quelque chose de correct.

Quant à Carton et Crevette, ce sont vraiment de petits Shetlands. J'ai peur que les obstacles de Carole ne soient un peu hauts pour eux avec d'aussi grands cavaliers sur le dos.

– Comment ! s'écrie Lise. Nous ne monterons pas les poneys de Carole ?

– Je ne pense pas, elle risque d'avoir pas mal de cavaliers inscrits au concours.

– Dommage ! soupire Célestin. J'aurais aimé retrouver Diva !

– Moi, ajoute Lise, j'ai peur d'avoir vraiment l'air ridicule sur un Shetland. Ici, ce n'est pas grave, personne ne nous voit. Même si les Shetlands sont un peu trop petits, c'est rigolo de les monter, mais, à l'extérieur, n'oubliez pas que je suis la plus vieille des trois, je mériterais un double…

– Un jour, nous aurons d'autres doubles poneys, dit Hugo. Je te le promets.

– Tiens ! s'exclame Liane. Je croyais que tu trouvais notre cavalerie assez grande en attendant l'ouverture du poney-club !

– Oui ! Mais ton amoureux a téléphoné ce midi, il a récupéré deux doubles qu'il aimerait bien nous amener.

– Tu sais très bien que je n'ai pas d'amoureux, râle Liane.

– C'est qui son amoureux ? chuchote Célestin.

– Yohann, celui qui nous a confié le troupeau de Shetlands*, répond Lise.

– Yohann est un ami, insiste Liane. C'est avec lui que j'ai passé mon monitorat d'équitation. Combien de fois faudra-t-il que je te le répète, Hugo ? Tu vois, à force de raconter n'importe quoi, même les enfants finissent par te croire.

– Tu sais bien que j'adore te taquiner…

– Eh bien moi, ça m'énerve ! Alors ? Ces deux doubles, ils sont comment ?

– Ils arriveront juste après le concours, tu auras tout le temps d'apprendre à les connaître ! Mais… tu peux rappeler Yohann, si tu t'ennuies de lui !

– Ah ! zut, à la fin !

---

* Voir le tome 3, *Shetland ou double poney ?*

9

Avant la cloche

Ça y est, nous y sommes !

Notre vieux camion brinquebalant se gare devant le poney-club de Carole, en pleine effervescence. La première cour est remplie de cavaliers en train de brosser les poneys, natter les crinières et les queues, graisser les sabots.

– Bonjour ! dit Carole en venant à notre rencontre. Je vous ai libéré un grand box pour mettre vos trois poneys.

– Merci ! répond Liane. Nous allons les descendre.

Dans la rue, Hugo a déjà abaissé la rampe et Apache piaffe derrière son bat-flanc. Caramel et Tornade lui font écho en hennissant.

– Hugo ! minaude Lise. Je préférerais que tu te charges de mon poney à ma place. J'ai peur de me salir…

– Hugo ! l'imite Célestin en plissant la bouche. Je ne voudrais pas me faire de taches…

– Ohé ! Les jeunes ! Ce n'est pas parce que vous cirez vos bottes une fois l'an que vous allez nous en faire un fromage !

– Moi, je plaisantais, dit Célestin.

– Heureusement.

C'est vrai que nous sommes beaux avec nos culottes immaculées serrées dans les bottes brillantes, mais vestes et cravates sont soigneusement pliées dans le camion, et des pull-overs protègent nos chemises blanches.

Hugo guide Apache sur la rampe du camion, puis remet sa longe à Lise :

– Ce n'est tout de même pas un concours de beauté. Va ! Tu ne crains rien.

Je réceptionne Caramel et emboîte le pas à Lise, puis Célestin nous suit avec Tornade.

Au passage, je salue Camille qui s'affaire à préparer Cumulus. La robe du double poney brille, et l'adolescente, perchée sur un petit tabouret, achève de tresser sa crinière grise et blanche.

Nous installons nos poneys dans le box que Carole a indiqué à Liane.

– Nous aussi, nous devons faire des boudins à nos poneys ? demande Lise.

– Ce n'est pas obligatoire, répond Liane, mais pourquoi pas ? Autant que vous appreniez à le faire.

Dès que les poneys sont débarrassés de leurs protections de voyage, nous leur redonnons un coup de brosse. Hugo et Liane nous expliquent comment natter leur crinière avec de petits paquets de crins séparés en trois brins, puis recourber la tresse et l'arrimer avec un élastique. Ce n'est pas évident !

Quand les poneys sont prêts, nous allons déjeuner avec les cavaliers du poney-club.

– Comment vas-tu Clara ? demande Camille.

– J'ai un peu le trac. C'est notre premier concours.

– Il faudra faire attention, le terrain est lourd. Nous avons eu un gros orage, hier soir. Sinon, le parcours est facile, tu verras.

Après le repas, Carole nous emmène faire la reconnaissance du parcours. Lise est catastrophée à l'idée que la traversée de la carrière puisse salir ses bottes. En fait, il n'y a qu'une grosse flaque dans un coin, le sable paraît avoir bien bu l'averse.

Ce premier repérage fait, Hugo nous demande de lui réciter le parcours de mémoire.

– Pas mal, les jeunes ! dit-il. Il n'y a pas de difficulté particulière. Vous ferez juste attention de prendre votre tournant le plus large possible après l'oxer bleu et jaune, pour éviter la flaque. Je ne suis pas certain que vos poneys apprécient de galoper dans l'eau.

Nous hochons la tête d'un air entendu.

Carole passe dans les écuries :

– Sellez vos poneys ! Nous commençons dans une demi-heure.

Nous nous affairons sans bruit, tandis que Liane part chercher le reste de nos habits de compétition dans le camion.

Poneys prêts, et revêtus de nos tenues officielles, nous avons belle allure, tous les trois.

Peu à peu, les écuries se vident. Shetlands et doubles poneys se dirigent vers la deuxième carrière pour la détente qui précède l'épreuve. Lise, Célestin et moi suivons les cavaliers du poney-club.

J'ai un peu peur, mais pas trop. Caramel a l'air parfaitement calme. Comme il est beaucoup moins capricieux qu'Apache, je pense que cela se passera bien. Et puis, Camille m'a expliqué que la plupart des concurrents participaient aussi à leur premier concours.

Au centre de la carrière, je ressangle et monte en selle, puis je me mets à tourner au pas.

Il y a trop de monde dans cette carrière et personne ne fait la même chose, cela rend l'échauffement très compliqué. Alors, je prends la décision de m'écarter pour travailler à mon rythme et je mène Caramel vers l'extérieur du rectangle.

J'ai aperçu un rond d'herbe particulièrement sympa où il doit faire bon galoper en cercle.

Personne ne m'a vue m'éloigner. Ouf ! un peu de solitude ! Caramel escalade le talus et renâcle en descendant de l'autre côté. Je lui donne un coup de talon énergique.

– Ah non ! tu ne vas pas me faire de cinéma !

À peine ai-je fini de l'asticoter que je le regrette. Caramel a plus d'instinct que moi et j'aurais dû l'écouter. L'intérieur du cercle forme comme un petit marécage gorgé d'eau. Les pieds de mon poney s'y enfoncent et il bloque des quatre fers en plein milieu, secouant la tête comme un désespéré.

J'entends un galop derrière moi, la voix de Camille résonne :

– Oh ! Clara ! J'aurais dû te le dire. Avec l'orage, cet endroit est complètement détrempé.

Ça, je m'en suis aperçue ! Ce qui m'intéresserait, maintenant, c'est de découvrir la recette pour faire bouger Caramel ! Juste à ce moment, la cloche retentit, là-bas, dans l'autre carrière. Le concours a commencé !

10

En piste

Finalement, je n'ai pas trouvé d'autre solution que de sauter dans la boue et de tirer mon poney par la bride pour l'extirper de ce bourbier.

De retour sur le bord de cette maudite cuvette, le constat est désolant : nous avons tous les deux de la boue partout. Caramel est maculé jusqu'au poitrail et en secouant sa queue trempée, il a souillé son tapis de selle clair. Moi, j'ai des bottes marron qui ne brillent plus du tout et ma culotte de cheval blanche est couverte de traînées rousses.

Pour couronner le tout, Lise arrive au galop sur Apache et se tord de rire à ma vue.

Elle se reprend quelques secondes pour me jeter :

– Vite, Clara ! On vient de t'appeler au micro. C'est ton tour.

Que faire ? Je ne peux pas participer à un concours dans cet état. J'en pleurerais.

– Vas-y Clara, conseille Camille. Ce n'est pas grave !

– Je voudrais être sûre que Caramel ne s'est pas blessé.

– Le meilleur moyen de le savoir est de le mettre au trot. C'est l'allure idéale pour repérer une boiterie.

Je lance Caramel au trot sur un cercle ; ses foulées sont régulières.

– Pas de souci ! lance Camille. Tu peux y aller.

Au loin, j'entends la voix de Carole répéter mon nom plusieurs fois.

Je pars au galop, freine à l'entrée de la carrière et me plante devant la tribune pour saluer.

Je suis incapable de reconnaître tous ces visages qui me regardent, tant mes yeux sont brouillés de larmes, mais la voix de Carole amusée me donne le feu vert pour le départ.

Je décris une volte au petit galop et m'élance sur le parcours. Plus rien ne compte alors que Caramel et moi. Chauffé par la foule, celui-ci galope à toute allure et s'enlève sur les obstacles avec une facilité déconcertante.

En un rien de temps, nous avalons la haie, les palanques, puis la barre de Spa. Nous tournons court vers l'oxer et, à la réception, évitons la flaque. Assez de boue pour aujourd'hui !

Nous terminons superbement sur le double et passons fièrement devant la tribune où est annoncé notre sans faute.

Je caresse mon poney en le remerciant et sors de la carrière au moment où un torrent de larmes jaillit de mes yeux : mélange d'émotion et de honte de nous être présentés dans cet état !

Liane et Hugo me félicitent pour mon beau parcours et je pars doucher Caramel avec Camille dont le passage est prévu plus tard dans l'après-midi.

Du coup, je ne vois pas les parcours des autres cavaliers, mais, à l'arrivée, il y en a plusieurs qui se retrouvent plus sales que moi, parce que leurs poneys les ont éjectés dans la grande flaque, comme par hasard…

Célestin, avec sa Tornade, n'y a pas échappé ! Il dégouline d'eau sale lorsqu'il me rejoint à l'écurie.

Un peu plus tard, Lise ramène Apache. Elle a échappé de justesse à la chute, mais compte un refus.

– Je vous avais dit d'éviter cet endroit ! dit Hugo. Il n'y a que Clara qui a négocié correctement son virage.

Il m'ébouriffe les cheveux de sa grande main :

– Enfin, notre poney-club s'est fait remarquer pour son amour de la boue, aujourd'hui !

Caramel et moi recevons une plaque gravée pour le 3e prix sur Shetland. Malgré notre sans faute, d'autres cavaliers ont eu un meilleur chrono. C'est le garçon blond que j'ai rencontré l'autre jour qui a gagné la coupe. J'aurais bien aimé le voir monter !

Lise et Célestin repartent avec un flot aux couleurs du poney-club.

À la fin du concours, les cavaliers de Carole nous présentent un carrousel sur la carrière de dressage où nous nous sommes entraînés.

Je reste bouche bée, tellement c'est magnifique.

Seize doubles poneys trottent et galopent d'une même foulée. Ils décrivent des figures individuelles en s'alignant parfaitement, mais surtout forment des lignes qui se croisent, s'entremêlent. Les poneys se séparent en jet d'eau et se rejoignent par deux, par quatre, puis s'intercalent de nouveau pour retrouver leur place initiale.

Je reconnais Camille et Cumulus en tête d'une des files. Elle monte drôlement bien.

– As-tu aimé notre carrousel ? me demande Carole, lorsque je la rejoins à la fin.

– C'était fabuleux.

– Je ne sais pas si tu as remarqué, dit Liane, mais les poneys se retrouvaient par couleur dans les figures : les gris, les alezans, les bais… Cela demande un énorme travail de préparation.

– Et pas mal de répétitions, ajoute Carole. Nous avions préparé plusieurs carrousels pour l'anniversaire du poney-club. Ce sont les enfants qui ont insisté pour refaire celui-ci aujourd'hui.

– J'ai adoré ! dis-je.

Liane et Carole poursuivent leur discussion et moi, je réfléchis : quand je serai grande, j'aimerais continuer les concours hippiques, participer à des carrousels, me perfectionner en attelage, randonner à cheval pour découvrir le monde du haut de mon perchoir… Pourvu que j'arrive à tout faire ! Et par quoi commencer ?

– Si on rentrait, propose soudain Hugo. La ferme nous attend pour les soins du soir.

– Et demain, deux doubles poneys arrivent, dis-je toute gaie.

Fin de l'épisode

Un poney indomptable

~ Épisode 2 ~

1

Un bai et un alezan

Depuis une heure déjà, nous piaffons dans la cour comme des chevaux énervés. Lise, Célestin, et moi, Clara, nous attendons l'arrivée de deux doubles poneys.

Nous disposons déjà d'une cavalerie importante dans le poney-club que mes voisins, Liane et Hugo, sont en train d'aménager. Mais nous avons un seul double poney pour trois cavaliers. C'est pourquoi nous sommes tellement impatients de découvrir nos futures montures.

– Si vous alliez vérifier l'eau des abreuvoirs, propose Liane, vous n'auriez plus l'impression de tourner en rond !

Nous commençons par la pâture la plus proche, où broutent les Shetlands que nous montons tous les jours : Carton, Crevette, Caramel, Tornade et Apollon, mais aussi Apache, l'Apaloosa qui nous supporte tous, et Sable d'Or, un jeune Palomino qui n'est pas encore débourré.

Il faut enlever de l'abreuvoir tout ce qui n'a rien à y faire : brins d'herbe, insectes, boules de crins… puis remettre de l'eau à l'aide du tuyau.

Ensuite, nous faisons de même dans le parc où paissent trois poulinières Shetlands et leurs poulains. Ça nous occupe, mais ne nous empêche pas de regarder vers l'entrée de la ferme à chaque bruit de moteur !

Au moment de gagner les prés de derrière, où sont installés les chevaux, Bug's et Bunny, et le troupeau d'une cinquantaine de poneys que nous avons en pension pour l'été, un van freine dans la rue. Nous abandonnons immédiatement notre mission et filons vers le portail en nous bousculant.

Hugo est arrivé avant nous. Déjà, il tire les lourds battants.

– Ah ! s'exclame Lise, c'est un petit camion, aujourd'hui !

– Évidemment, répond Hugo. On n'a pas besoin d'une bétaillère à étages* pour transporter deux poneys.

Le van résonne des coups de sabot que lancent les poneys dans les parois.

– Eh bien ! remarque Hugo. Il semblerait que ça s'excite là-dedans.

---

* Voir le tome 3, *Shetland ou double poney ?*

– Bonjour Yohann ! s'écrie Liane. Tu as fait bon voy…

La fin de sa phrase s'achève dans les bras de l'intéressé qui, déjà, la soulève de terre.

– Pfouh ! murmure Célestin. Heureusement qu'il ne fait pas ça aux garçons. Un tour de manège, le matin, ça me retournerait l'estomac !

– T'inquiète, mon grand ! ricane Hugo. Il réserve ça à sa petite chérie…

– Ah non ! enrage Liane qui vient juste de retrouver la terre ferme et cherche son équilibre. Tu sais bien que Yohann est mon meilleur ami…

– Et que vous avez juste passé votre monitorat d'équitation ensemble, complétons-nous d'une seule voix.

Yohann éclate de rire, un rire aussi énorme que sa carrure :

– Ah ah ! Je vois que la leçon est bien apprise. Vous avez de la chance, les mouches, que les poneys soient pressés de descendre, sinon… je vous ferais bien voler vous aussi dans les airs !

Yohann abaisse le plan incliné.

Nous apercevons deux croupes qui dansent d'énervement. L'une est bien ronde, d'une belle couleur brune, et porte une superbe queue noire, brillante. L'autre est haut perchée, maigrichonne, et agite quelques crins du même marron triste que les touffes de poils qui la hérissent.

Liane fait la moue :

– Qu'est-ce que c'est que ça ?

– Attends ! Attends ! chantonne Yohann. Tu vas voir cette petite merveille !

Il glisse son grand corps, incroyablement souple, entre les deux poneys et détache le bai qu'il fait descendre à reculons.

– Regarde-moi cette beauté ! s'exclame-t-il en promenant le poney dans la cour.

– Il est drôlement joli ! acquiesce Célestin.

– Hum ! reconnaît Liane.

Là-haut, cela se déchaîne. L'abandonné hennit et tambourine à qui mieux mieux.

– Tu n'aurais pas pu nous trouver des jumeaux ? demande Hugo qui prend un air dégoûté en détaillant l'alezan.

Yohann me confie la longe du poney bai :

– Ça n'existe pas les jumeaux chez les chevaux !

– Ah bon ? demande Lise.

– Ce n'est pas tout à fait vrai, rectifie Yohann. Une jument peut avoir deux poulains, mais c'est exceptionnel. Comme elle n'a du lait que pour un, elle abandonne toujours le plus faible. Alors, les éleveurs s'arrangent pour qu'elles n'en portent qu'un...

– Si tu arrêtais de noyer le poisson, s'insurge Liane. Nous ne sommes pas là pour écouter une leçon. Qu'est-ce que c'est que ce poney ?

– Il s'appelle Western, dit Yohann en ralentissant, comme il peut, la descente d'une sorte de fou furieux.

– Où as-tu déniché cette haridelle* ? demande Hugo.

– Dans un lot de poneys que je viens de racheter.

– Ils étaient tous dans cet état ? interroge Liane d'une voix froide.

Aussi bizarre que cela puisse paraître, le grand et fort Yohann rougit soudain comme un enfant :

– Je me suis dit que vous seuls pourriez le prendre...

Il se reprend très vite :

– Mais je vous ai amené Chocolat... pour compenser !

Hugo éclate de rire :

– Ton amoureux se moque de toi, Liane.

Celle-ci ne prend même pas la peine de rectifier les propos de son frère. Elle semble atterrée.

– Mais enfin, Yohann, nous n'avons pas décidé d'ouvrir un refuge pour poneys maltraités. C'est un poney-club que nous avons l'intention de démarrer...

---

* Cheval maigre et en mauvais état.

2

Le préféré de Lise

Western se tient devant nous, frémissant et trempé de sueur. Il roule des yeux blancs et piétine en tous sens. Au bout de sa longe, Chocolat attend, ses quatre petits sabots noirs rangés au carré. Ils n'ont en commun que le fait d'être des doubles poneys. Pour le reste, on dirait un cheval de rêve et le rescapé d'un cauchemar.

– Il a même l'encolure à l'envers, constate Liane.

– Ça veut dire quoi : l'encolure à l'envers ? demande Célestin.

– Une encolure normale s'arrondit vers le bas, ce qui permet de placer le poney, quand on le monte, pour commander en douceur à sa bouche, par le mors. Celui-là, on croirait que son encolure est vrillée. Pauvre bête…

Pour que Liane utilise ce mot de bête en parlant d'un poney, alors que seule l'expression « animal » doit définir un cheval, c'est qu'elle est hyper déçue !

– Eh bien, moi, je le trouve plutôt mignon, annonce soudain Lise.

Nous en restons bouche bée. Lise, ma demi-sœur un peu pimbêche, qui accorde toujours tant d'importance aux apparences… Ce n'est pas possible !

Elle prend la longe des mains de Yohann et fait marcher Western.

– Alors ! dit-elle. On les installe où, les nouveaux ?

– Euh… ! Eh bien… s'étrangle Liane. Ça dépend… Tu les as fait examiner par un vétérinaire,Yohann ? Ils sont à jour pour leurs vaccins ?

– Bien sûr !

– On les met dans le pré de devant. Il faudra qu'on les essaie rapidement. Autant les avoir sous la main. Tu repars maintenant ?

– Non, dit Yohann qui retrouve son air de garçonnet timide. Je me serais bien invité à passer la journée avec vous. J'ai un peu besoin de me changer les idées.

– Allons, vieux ! s'écrie Hugo en lui tapant sur l'épaule. Ne prends pas cet air malheureux ! Qu'est ce qui te gêne ? D'arnaquer tes premiers clients ? Il faut bien que le métier de maquignon* rentre.

Yohann récupère en un clin d'œil.

Il gronde presque :

---

* Mot un peu péjoratif pour parler d'un marchand de chevaux qui n'a pas de scrupules.

– Je ne suis pas un maquignon et je ne le serai jamais. Si je vous ai amené ce poney, c'est que je vous considère comme des amis. Je me suis peut-être trompé…

Le visage de Liane s'éclaire :

– Tu as raison. Nous sommes tes amis. Mais, tout de même, tu as fait un peu fort.

– Rassure-toi, je n'ai pas l'intention de vous le vendre, celui-là. Je sais seulement qu'ici il a une chance de se requinquer. Ailleurs, j'aurais eu trop peur que cela finisse mal pour lui. Un poney, c'est un poney. Il a droit à la vie, non ?

– Excuse-moi, dit Liane. C'est toi qui es dans le vrai. Nous allons essayer de le remettre en forme. Il y a suffisamment d'espace pour ça, à la ferme. Mais le mois de juillet est presque terminé. Célestin va retourner à Paris et Lise chez sa mère. J'aurais aimé que nos trois jeunes aient chacun un bon double poney pour progresser ensemble.

Célestin baisse la tête et, au coin de l'œil de Lise, perle une petite larme.

– Ce n'est pas très sympa de nous rappeler que les meilleurs moments finissent toujours, râle-t-elle. C'est dégoûtant, parce que Clara va rester ici en août, et pas nous.

– Vous reviendrez, dit Liane, en lui ébouriffant les cheveux.

Lise se secoue :

– Bon ! vous nous l'ouvrez cette barrière ?

Hugo s'avance vers le pré et repousse les poneys curieux qui se sont massés contre la porte.

– Allez, bande de poneys ! Et pas de bêtise…

Je lâche Chocolat en premier. Il trottine avec élégance vers le fond du parc, puis passe au petit galop. Dans le soleil, sa robe étincelle et ses formes parfaites me fascinent. Il est presque aussi beau que mon préféré, Sable d'Or, le sauvage, à la robe dorée et à la longue crinière blanche.

Le troupeau de poneys se lance à la poursuite du bai dans un galop joyeux. Chocolat virevolte et leur fait face. Les naseaux se touchent, quelques hennissements s'échangent. Le nouvel arrivant se tourne, rue brièvement. Ça y est, il a prouvé son tempérament. Les autres n'ont qu'à bien se tenir.

Western profite de l'intérêt suscité par Chocolat pour entrer dans l'enclos à petits pas. Sa maigreur est effrayante, sa démarche hésitante. Cela me serre le cœur et je suis fière d'entendre Lise déclarer à voix haute :

– Le premier qui touche à mon chouchou, je le mords !

Comme s'ils l'avaient comprise, les autres poneys se rapprochent plus doucement de l'alezan. Apache tend sa tête vers lui en remuant les lèvres. Western semble lui souffler quelques secrets. Leurs nez se frôlent.

Puis, c'est le tour de Sable d'Or. Pourvu qu'il ne se montre pas agressif ! Je n'aimerais pas du tout que Lise mette sa menace à exécution parce que, à coup sûr, Sable d'Or la mordrait à son tour – il l'a déjà fait* ! – et cela casserait la bonne entente que nous avons maintenant toutes les deux.

Tout va bien. Mon poney chéri a pitié du pauvre Western. Il semble lui caresser l'encolure de la lèvre, puis il s'avance et commence à lui gratter le garrot aimablement.

Western hésite quelques secondes et copie son geste. C'est la preuve qu'il vient de se faire un vrai copain dans le troupeau. Les chevaux n'offrent cet échange de services qu'à un ami sincère.

Nous, les humains, de l'autre côté de la barrière, sommes tout émus. Western a-t-il déjà eu le temps de raconter aux autres sa malheureuse histoire pour se faire ainsi accepter ?

Les Shetlands sont retournés brouter. Apache semble discuter avec Chocolat.

---

* Voir le tome 1, *Apprentie cavalière !*

– Vous avez vraiment des poneys bien dans leur tête, constate Yohann. C'est rare que des arrivants trouvent aussi vite leur place dans un groupe !

– Si nous allions prendre un café ? propose Liane. Ces émotions m'ont coupé les jambes. Et vous, les jeunes, voulez-vous un petit chocolat ?

– Pas moi ! dit Lise. Je préfère rester à les surveiller un peu...

– Comme tu voudras !

3

Une conversation d'adultes

Comme Yohann est invité à déjeuner, nous allons chercher notre pique-nique, Lise et moi, pour écouter les histoires qu'il a toujours à raconter. Nous avons un peu peur de lui, c'est sûr, mais quand il arrête de faire son cinéma, il est drôle et même gentil.

– Il ne faut pas se fier aux apparences, dit Lise. Ce n'est pas parce qu'il est grand et fort, ni surtout parce qu'il a une grosse voix, qu'il est mauvais.

– N'empêche, réplique Célestin, il m'impressionne ! Et puis Hugo n'est pas pareil quand Yohann est là. Il n'arrête pas de charrier Liane. Alors, elle, ça la met de mauvaise humeur.

– Bien sûr, dis-je. Hugo est jaloux. Il a peur que Yohann se marie avec Liane et qu'elle le laisse tomber.

– Liane a le droit de se marier, s'insurge Lise.

– Oui, mais leurs parents sont morts quand ils étaient petits et ils n'ont même plus leur grand-père. C'est dur d'être seuls au monde.

– Tu en sais des choses, Clara ! s'étonne Célestin.

– Moi aussi, affirme Lise. C'est Pierre, le vétérinaire, qui nous a tout raconté, le jour où leur vieux poney est mort dans nos bras, à Clara et à moi*. Si ça se trouve, c'est Hugo qui se mariera le premier, et il laissera Liane se débrouiller toute seule avec le poney-club…

– Alors ! les jeunes, on fait des messes basses dans les coins, tonne Yohann derrière nous.

Nous sursautons et nous regardons, l'air gêné. Heureusement, il ne semble pas avoir entendu notre conversation.

* Voir le tome 2, *Les nouveaux poulains*.

– Si vous me montriez un peu votre cavalerie ! Liane et Hugo ne veulent pas de moi dans la cuisine. Ils disent que je fais trop de bruit et trop de gestes…

– Tu veux tout voir ? demande Lise.

– Surtout le troupeau que je vous ai confié. Je voudrais voir si vos pensionnaires ont déjà repris du poil de la bête.

Nous l'entraînons vers le pré.

– Que vont-ils devenir, tous ces poneys, lorsque tu les reprendras ? dis-je.

– Je vais récupérer ceux dont Liane ne veut pas et les vendre, dès la rentrée.

– À qui ? s'enquiert Célestin.

– À des poney-clubs ou à des particuliers. J'ai déjà pris quelques contacts, mais je ne veux pas les céder à n'importe qui.

– Pourquoi ? demande Lise.

Yohann prend un air songeur :

– Je crois que je ne suis pas un très bon marchand de chevaux. Je ne sais pas si je pourrai faire ça toute ma vie. Lorsque je vends un poney, j'ai toujours peur pour lui.

– Peur de quoi ? dis-je.

– Peur qu'il finisse à l'abattoir.

Lise, stupéfaite, arrondit sa bouche en « o ».

– À l'abattoir ? s'étonne-t-elle.

– Eh oui ! ma petite. Tu sais que pas mal de Français mangent de la viande de cheval ?

Lise frissonne autant que moi :

– Oui…

– On a le droit d'aimer la viande de cheval, reprend Yohann. Chacun son goût. Et il y a des chevaux qu'on élève juste pour ça, comme les bœufs, les cochons ou les moutons... Mais un poney ou un cheval qui a travaillé, je trouve qu'il devrait avoir droit à une retraite, comme les hommes. Et c'est compliqué de leur offrir une retraite à tous…

– Ça coûte cher ? demande Célestin.

– À la campagne, pas tellement, explique Yohann. Il suffit d'avoir un grand pré et de donner les soins nécessaires, mais en ville, c'est une catastrophe. Alors, certains clubs conduisent leurs animaux à l'abattoir. Et des particuliers le font aussi.

– Quelle horreur ! dis-je.

– On leur rachète leur cheval au poids de la viande. Ça rapporte environ 915 euros pour un cheval, moins pour un poney et encore moins pour un Shetland. Cet argent permet de payer une partie de la monture qu'ils reprennent.

Nous sommes tous les trois scandalisés.

– Bien entendu, il y a des gens qui ne font pas ça du tout. Il existe des associations qui récupèrent les chevaux et des clubs où les cavaliers se cotisent, quand un vieux bonhomme de cheval n'en peut plus, pour le placer quelque part. Moi, je suis une petite âme sensible.

Lise pouffe dans sa main.

– Tu ricanes... Je voudrais que tous les chevaux et tous les poneys de la Terre vivent heureux, et puis les vaches aussi, et les moutons... D'ailleurs, je me demande si je ne vais pas devenir végétarien... Quoique... vous sentez la bonne odeur du rôti que Liane a mis au four ? En fait, j'adore la viande, mais à condition que les animaux soient élevés pour ça et transportés dans de bonnes conditions, qu'ils vivent bien et ne souffrent jamais... Bon ! parlons de choses plus gaies... Voyons voir ce troupeau !

Dans l'immense pré, les Shetlands broutent sans même lever la tête à notre approche. Yohann se faufile entre les lices de la clôture. Vraiment, ça m'impressionne ! Comment fait-il pour glisser son corps volumineux dans un si petit espace ?

Nous le suivons à la rencontre du troupeau qui s'intéresse enfin à nous et nous entoure, quémandant caresses et friandises. Un seul poney a fui à notre approche, un petit double au poil crème et aux yeux bleus que nous n'avons jamais réussi à toucher, tant il semble avoir peur des hommes.

– Encore un qui a dû avoir une drôle d'histoire avec les humains ! s'exclame Yohann. Si seulement les animaux pouvaient nous raconter tout ce qu'ils ont vécu, on leur ferait peut-être un peu moins de misères !

– À table ! crie Liane d'une fenêtre de la maison.

Nous rebroussons chemin.

– Ce troupeau est devenu superbe, constate Yohann. Rien ne vaut la bonne herbe et la présence de maîtres attentionnés ! Ce qui serait bien, maintenant, c'est de faire travailler tous ceux que vous pourrez. Plus ils seront apprivoisés, meilleures seront leurs conditions de vie futures !

– Ne te fais pas tant de soucis pour eux, Yohann, intervient Liane. Il y a plein de gens très bien dans le monde du cheval. Ce ne sont pas quelques mauvais bougres qui doivent gâcher l'image de tous les autres.

4

Premier test

Après le déjeuner, nous pansons les trois doubles poneys, puis sellons Apache et Chocolat.

– Je préfère que nous commencions par tourner Western en longe, explique Liane. Je voudrais voir comment il se comporte avant de vous mettre dessus, cela me paraît plus prudent.

– Si ça se passe bien, suggère Lise, on pourra peut-être le seller après ?

– Pas aujourd'hui, de toute manière.

Célestin fait la grimace :

– C'est dommage ! Il y en a toujours un de nous qui va rester en plan.

– Je sais, répond Liane, mais que veux-tu que j'y fasse ? Clara, es-tu d'accord pour longer Western ? Lise, tu montes Chocolat, et Célestin, Apache.

Je suis un peu triste, j'aurais bien aimé découvrir Chocolat la première ! J'entraîne Western vers le rond de travail en sable.

Comme si Liane avait deviné ma déception, elle dit doucement :

– C'est une preuve de confiance que je te donne là, Clara. J'aurais pu, tout simplement, me charger de Western et tirer à la courte paille pour vous attribuer les deux autres.

Malgré sa maigreur, Western paraît en forme. Il tourne correctement aux trois allures sur le cercle.

La seule chose bizarre, c'est sa tête qu'il maintient en hauteur à cause de son encolure qui ne s'arrondit pas correctement.

Liane, Hugo et Yohann nous observent en silence.

– Il ne boite pas, au moins, constate Liane. Demain, j'essaierai de mettre Clara dessus, mais il faudra que je trouve un enrênement* pour lui descendre le nez. Tu peux le remettre au pré, Clara.

Je caresse Western et quitte le rond encore plus déçue. C'est Lise qui démarre Chocolat et, en plus, je ne peux même pas la regarder. Ce n'est pas juste !

Je fais contre mauvaise fortune bon cœur et attache Western dans la cour pour un nouveau pansage. Le poney semble heureux de mes soins, même s'il redoute les gestes brusques. Il adore qu'on lui gratte le haut de l'encolure avec l'étrille en caoutchouc.

Du coup, je lui offre un bon massage.

À la fin, je m'aperçois qu'il s'est détendu et ne montre presque plus le blanc de ses yeux quand il me regarde.

– Tu es un bon poney ! Je suis désolée d'avoir piqué ma petite crise. Et puis, je suis idiote. Quand Célestin sera reparti à Paris et que Lise ne viendra plus qu'un week-end sur deux, Chocolat, j'aurai largement le temps de le monter !

Lise et Célestin ramènent les poneys un peu plus tard.

* Matériel qui a pour effet de corriger les défauts d'un cheval.

– Il est fantastique, Chocolat ! dit-elle. Calme et confortable ! Je suis certaine que vous l'adorerez. Mon pauvre Western, ne crois pas que je l'aime plus que toi. Il est agréable, mais je sais déjà que tu seras un super ami pour moi.

Nous lâchons les doubles dans le pré après une dernière caresse et rejoignons les adultes.

– Yohann demande si vous pourriez lui offrir une petite démonstration sur certains des Shetlands qu'il nous a confiés, dit Liane. Cela vous intéresse, les jeunes ?

– Toujours prêt pour monter à poney ! s'exclame Célestin en claquant les talons de ses bottes l'un contre l'autre.

– Quelle efficacité, Liane ! s'exclame Yohann. Je vois que tu dresses tes cavaliers aussi bien que les poneys.

– Lesquels veux-tu voir ? demande Hugo.

– Des poneys que vous n'avez pas l'intention de garder pour le club, mais qui vous paraissent assez faciles.

– Yohann veut remplir ses petites fiches, se moque Hugo.

– Je croyais que tu voulais te reposer une journée ! se moque Lise.

– Ce n'est pas moi qui vais me fatiguer. Regarde ! J'ai trouvé un bon transat. Si je n'ai qu'à écrire mes remarques, je ne crois pas que cela m'épuisera.

Tout l'après-midi, nous courons après les poneys que Liane désigne. Nous leur passons un licol et les sortons du pré. Après un coup de brosse rapide, nous les bridons et les faisons tourner en longe. S'ils passent cette épreuve avec succès, nous les sellons puis les enfourchons. Les trois adultes discutent ferme et Yohann noircit les pages d'un petit calepin.

Au crépuscule, Yohann quitte la ferme à regret, mais nous, nous n'avons plus qu'une hâte : plonger sous nos couvertures.

Pour une fois, ce sont même Liane et Hugo qui se chargent des soins du soir. Nous avons l'impression de ne plus avoir de jambes, mais des poteaux de clôture à la place.

– Petites natures ! sourit Hugo en nous souhaitant bonne nuit.

Le lendemain, plus rien ne paraît de nos cavalcades de la veille et nous sommes en pleine forme pour regagner la ferme.

– Dites donc, les filles ! s'exclame notre père en nous voyant filer vers la rue. Savez-vous que notre maison n'est pas un hôtel ? Le soir, vous êtes si fatiguées que vous ne prononcez pas une parole, le matin, vous êtes tellement pressées que je n'ai même pas droit à mon petit bisou.

– Oh Papa ! s'excuse Lise. Il me reste si peu de jours à passer ici. Il faut bien que j'en profite au maximum !

– Et ton père, tu n'as pas besoin d'en profiter ?

– Toi, tu es débordé toute la journée ! Ton atelier de potier est bourré de touristes et moi, les touristes, je n'aime pas trop ça. On dirait qu'ils nous examinent, Clara et moi, comme les pots que tu exposes sur les étagères.

Maman éclate de rire :

– Et toc ! Je ne sais pas si c'est la fréquentation des poneys qui transforme les filles, mais tu devrais être content, elles ne se sont jamais aussi bien entendues.

– Pour faire front contre nous ! ronchonne Papa. Au moins, quand elles se disputaient, elles avaient besoin de nous pour recoller les morceaux.

Je prends mon visage angélique des grands jours :

– Cela te laisse plus de temps pour recoller tes assiettes !

– Filez, mauvaise troupe ! Vous êtes des méchantes.

Nous lui sautons dessus toutes les deux et le couvrons de baisers.

5

À cheval... et à terre

Dans la cour de la ferme, nous retrouvons Célestin, Liane, Hugo, les chiens et les poneys. Tout est en place pour une belle journée.

Comme chaque matin, nous nous occupons des poulains nés au printemps, nettoyons les litières, remplissons les abreuvoirs… Il y a toujours quelque chose à faire lorsqu'on possède des animaux.

– Cet après-midi, annonce Liane, nous effectuerons une reprise avec les trois doubles pour tester Western, mais il ne faut pas laisser tomber vos montures habituelles. Je voudrais que vous selliez Caramel, Apollon et Tornade pour une petite séance d'obstacles à onze heures.

Tandis que nous préparons nos poneys dans la cour, les conversations vont bon train. Qui va se risquer le premier sur Western ? Le mystère reste entier.

À l'heure dite, nous sommes dans le rond. Nous commençons par détendre nos poneys des deux côtés, au pas et au trot. Puis Liane nous permet de galoper. Pendant ce temps, Hugo dresse un petit parcours sur l'esplanade proche. Il installe ensuite une barre au milieu de notre rond et nous la sautons trois ou quatre fois au galop cadencé.

– Bien ! intervient Liane. Celui qui fera le meilleur parcours montera Western tout à l'heure.

– Tu as peur de faire des jaloux en choisissant pour nous ! dis-je.

– Exact ! Vous avez pratiquement le même niveau d'équitation. Ce mini concours vous départagera.

C'est Lise qui commence avec Apollon. Son poney est toujours un peu mou et, à force de traîner les pieds, il fait tomber une barre. Lise râle :

– Espèce de petit ramolli ! À cause de toi, j'ai perdu toutes mes chances.

– C'est à toi de le réveiller ! remarque Liane. Mais rien n'est perdu. Au tour de Célestin...

Tornade a le défaut contraire de celui d'Apollon. L'impétueuse porte bien son nom. Comme elle galope trop vite, cela coûte une dérobade et une barre à Célestin.

– Oh zut ! se lamente-t-il. Je suis fichu...

– Si tu faisais un effort, dit Liane. Je voudrais bien que tu arrives à maîtriser cette ponette. Il faut mieux l'encadrer avec tes mains ! À toi, Clara.

Lise me décoche un regard un peu noir et je surveille ses mains. Si je la vois m'envoyer le signe de la malchance avec ses doigts, gare à elle !

M'ayant vu froncer les sourcils, elle se met à rire :

– Ne t'inquiète pas. Je ne triche pas. Que la meilleure gagne !

Je lance Caramel au galop. C'est un gentil Shetland rapide, obéissant, et nous bouclons un parcours sans faute.

– Humpf ! grogne Lise. C'est toujours toi qui gagnes.

– Célestin, tu monteras Chocolat. Les filles, je suppose que vous avez compris… Inutile de vous faire un dessin.

– Veinarde ! me lance Lise.

– Tu le monteras demain !

Après le déjeuner et la sieste de rigueur à la ferme – surtout pour les chiens et les chevaux ! – nous attrapons les doubles dans l'enclos.

Western est dégoûtant. Il s'est roulé et son poil en touffes est maculé de sable et d'herbe sèche. J'ai un mal fou à le brosser.

– Nous le doucherons tout à l'heure, dit Liane, cela lui fera du bien.

Le poney est nettement moins sage qu'au moment des préparatifs de la veille. Peut-être devine-t-il mon appréhension. Liane est obligée de m'aider pour glisser le mors entre ses dents.

– Attends une seconde avant de sangler, dit-elle. J'ai apporté une martingale fixe. Cet enrênement l'obligera à baisser la tête.

Je passe une lanière dans la sangle et Liane ajuste les différents liens de cuir.

– Cela ne lui fera pas mal, rassure-toi, mais l'empêchera d'envoyer la tête en l'air pour échapper à tes mains.

Nous nous dirigeons tous les trois vers le rond, et j'ai beaucoup de difficultés à retenir Western qui manque me piétiner à chaque pas. Mon estomac se crispe. J'ai les mains moites. Bien sûr, je fais semblant. En essayant de paraître calme, j'ai peut-être une chance de tromper mon poney.

Arrivés au centre du rond, nous ressanglons. Lise et Célestin sont déjà en selle, que je suis toujours à sautiller, un pied dans l'étrier et l'autre au sol, incapable de trouver un moment de répit pour prendre l'élan nécessaire.

Liane accourt à la rescousse :

– Il a l'air chatouilleux. Ta pointe de pied doit le gêner. Je vais te hisser en selle.

Je n'ai pas beaucoup le temps de profiter de mon installation à cheval, juste de quoi constater que Western est nettement plus haut qu'Apache.

Je ne sais ce qui s'est passé... me voilà à terre ! À terre, mais debout, une rêne passée dans mon bras. Très exactement comme si Liane ne m'avait pas mise en selle. Ai-je rêvé tout cela ?

– Ben alors ! Clara ! Tu joues à la bascule ? demande Liane.

– Je n'avais pas chaussé mes étriers... et il m'a éjectée.

– Oui, j'ai vu. On recommence !

6

À qui le tour ?

Cette fois, Liane tient le poney, le temps que je règle mes étrivières et cale bien mes pieds dedans. J'ai l'impression d'être sur un cheval mécanique.

Western fait de petits bonds en levant tantôt l'avant, tantôt la croupe.

– Tiens bon, Clara ! crie Liane. Si tu retombes tout de suite, il va se moquer de toi.

Je résiste environ trois minutes et hop ! je mords de nouveau la poussière. Je me relève et me secoue. Je n'y comprends rien.

Au début, Apache me mettait tout le temps par terre aussi, mais c'est parce que je lui chatouillais les côtes avec mes pieds. J'ai fait beaucoup de progrès, depuis. Normal, quand on monte plusieurs heures tous les jours !

– Que se passe-t-il ? dis-je.

– On dirait un vrai cheval de rodéo, s'exclame Célestin.

– Il joue avec toi, explique Liane. Viens m'aider à le rattraper.

Western s'est collé contre les deux autres poneys. À notre approche, il file au grand galop.

Une heure après, si je fais les comptes, je suis certaine d'avoir passé plus de temps à terre qu'à cheval. Entre mes séjours dans le sable et les courses pour le récupérer, je suis incapable de dire si Western trotte correctement. Encore moins s'il sait galoper avec un cavalier sur le dos.

Liane semble préoccupée :

– Bien ! Je vais l'essayer.

Elle l'enfourche d'un bond et le met sur la piste. Le poney n'arrive pas à la faire tomber, mais ce n'est pas faute d'essayer. Liane monte tellement bien qu'elle reste soudée à la selle.

Derrière elle, Lise et Célestin peuvent enfin trotter et galoper.

– Je te remets dessus, dit-elle.

– Bof !

– Il ne faut jamais rester sur une chute...

– Je sais, ni pour le cheval ni pour le cavalier. Mais je ne fais pas le poids...

– Il est chaud*, c'est sûr ! En tout cas, moi, je suis

* Expression désignant un cheval ou un poney particulièrement fougueux.

trop grande pour lui et il ne doit pas avoir un dos très costaud. Je préfèrerais que vous réussissiez à le monter, vous. Ce n'est pas moi qui ai besoin d'un double poney pour travailler !

Liane me hisse de nouveau en selle.

– Pfff ! souffle-t-elle. À force, je dois reconnaître que tu n'es pas toute légère non plus. Je voudrais que tu restes dessus juste le temps de faire quelques tours au pas. Pour qu'il demeure sur une bonne impression. Accroche-toi !

Matée par sa brève séance avec Liane, Western marche tranquillement entre Chocolat et Apache.

Peu après, sonne le moment du retour à l'écurie et j'en suis hyper contente. Je déteste avoir l'impression d'être un yoyo pour poney ! Et puis… même si je ne me suis pas fait vraiment mal, je sens que j'ai gagné quelques bleus dans l'aventure. Ce n'est pas ce que je préfère en équitation !

– Et demain, qui veut monter Western ? demande Liane.

– Moi ! crie Lise.

– Moi ! hurle Célestin encore plus fort.

– Décidément ! Rien ne vous effraie. Je trouverai bien un moyen de vous départager, encore une fois.

– Ne t'inquiète pas, dis-je. Tu n'as plus que deux candidats.

– Ton tour reviendra…

– Je ne suis pas pressée !

Cette fois, c'est une séance d'hippologie* qui a permis à Célestin de se « qualifier » pour la reprise sur Western. Lise est furieuse, mais elle déteste apprendre. Elle ne peut en vouloir à personne d'autre qu'à elle-même !

Liane nous a interrogés sur les robes des chevaux, les parties du corps, les pièces du filet et de la selle. Lise n'a eu que très peu de bonnes réponses, tandis que Célestin a fait un carton. Moi, j'ai failli répondre à côté exprès, mais Liane m'avait confirmé que j'étais hors concours. Alors, je n'ai pas triché.

– Tu n'as qu'à réviser, Lise ! commente Liane. Si tu ne sais rien de la théorie, tu ne pourras jamais passer ton Galop 2.

---

* Étude du cheval.

– Je m'en fiche, c'est Western que je voudrais monter…

– Ce sera pour demain !

Vers quatre heures, au comble du bonheur, je conduis Chocolat vers le rond de travail. Enfin, je vais savoir s'il est aussi sympa que beau ! Lise traîne Apache… et les pieds, juste derrière moi. Célestin est parti devant avec Liane, afin de détendre Western en longe avant de grimper dessus.

Quelques secondes après, je suis perchée. De ma selle, je contemple la crinière soyeuse et les oreilles fièrement dressées de Chocolat.

Lise est beaucoup plus longue à se mettre en selle. Elle triture sa sangle, ses étriers.

– Que fais-tu ? dis-je.

– Si jamais Célestin tombe tout de suite, Liane changera peut-être d'avis. Je préfère attendre un peu, plutôt que devoir redescendre à peine installée sur ma selle.

– T'es dingue ! Si Célestin tombe aussi vite que moi, ce sera la preuve que Western n'est pas un poney pour nous.

– Ce sera seulement la preuve que Célestin ne monte pas mieux que toi !

– Oh ! Tu te crois donc la meilleure ?

Lise rougit :

– Ce n'est pas ce que je voulais dire. Il y a un truc entre ce poney et moi. Je suis sûre que j'y arriverai.

– Tu montes peut-être un peu mieux que nous, mais tu n'es quand même pas la reine des cavalières.

Lise s'assied enfin sur Apache et s'éloigne vers la piste. Je crois l'entendre murmurer :

– Ce poney, personne ne l'aime. Exactement comme moi !

Western s'intercale entre Apache et Chocolat. Nous marchons au pas. Célestin jubile. Il m'a battue, puisqu'il n'est pas encore tombé, lui !

Voilà ! Cela démontre que je suis mauvaise. Il n'y a que moi qui ne tiens pas en selle. Un énorme cafard me submerge. Je suis juste capable de me débrouiller avec les poneys faciles. Pour un peu, j'en pleurerais.

– Marchez au trot ! ordonne Liane.

Deux foulées plus tard, Célestin est par terre. Il n'a rien vu venir. Moi, oui ! J'étais derrière...

Western a fait son petit mouvement de bascule habituel. Un peu plus et ses postérieurs blessaient Chocolat. Bon ! c'est bien le poney qui a un problème.

Je suis rassurée...

7

Si ça continue...

Finalement, ce n'est pas une bonne journée du tout pour Célestin. Il tombe et tombe...

Lise s'énerve du haut d'Apache :

– Liane ! Donne-moi ce poney, s'il te plaît.

– Désolée de te le répéter, Lise. Vous avez le même niveau. Si Célestin ne tient pas dessus, je ne vois pas pourquoi, toi, tu resterais en selle...

Lise grommelle.

Célestin monte encore.

Il est nettement moins souriant qu'avant. Comme moi, je crois qu'il commence à avoir la frousse de cette grande bringue de poney. Une fois de plus, Western quitte la piste sur un coup de tête, traverse le rond au grand galop et stoppe net. Célestin n'y résiste pas. Le voilà le nez dans le sable, immobile...

Liane se précipite :

– Ça va, Célestin ?

Silence complet.

Rien ne frémit. Nous avons soudain très peur.

Et s'il lui était arrivé quelque chose de grave…

Lise saute à terre, me passe les rênes d'Apache, se dirige vers Western, fumant et tremblant à l'autre bout du rond.

Au centre, Liane passe par toutes les couleurs de l'arc-en-ciel.

Là-bas, Lise a saisi les rênes de Western qui n'a même pas cherché à la fuir. Peut-être y a-t-il vraiment quelque chose entre eux. Elle lui chuchote des mots doux à l'oreille et il semble se calmer.

Célestin bouge enfin. Il se retourne, le visage entièrement couvert de sable, à l'exception de deux rigoles humides qui ont tracé leur chemin.

– Doucement, dit Liane. Respire. As-tu mal quelque part ?

Célestin hoquette, il ne parvient pas à parler.

– Cela t'a coupé le souffle. C'est normal. Prends ton temps !

Lentement, elle lui fait bouger les mains, les bras, les pieds, les jambes.

– Comment te sens-tu ?

– Ça va, mais je n'ai plus tellement de forces… pour remonter.

– Bon, d'accord ! Et si tu prenais Apache, tiens, puisqu'il a été abandonné par sa cavalière.

Célestin retrouve le sourire :

– Je veux bien !

Liane s'abstient de tout commentaire. Je crois qu'elle a eu vraiment peur. Une chute grave dans un poney-club qui n'est pas encore ouvert, ça doit être ennuyeux !

– À nous deux, Western ! clame Liane en prenant les rênes des mains de Lise.

Ma demi-sœur grimace de déception. Si elle espérait profiter de la situation, c'est raté !

Liane répète son bond de voltige de la veille.

– Je ne comprends pas, grommelle-t-elle entre ses dents, je l'ai pourtant fatigué à la longe. Ce poney est trop difficile pour des enfants !

Avec elle, le poney se retient, mais il ressemble quand même à une fusée prête à décoller.

Dommage que les jambes de notre monitrice dépassent de la selle, parce qu'elle obtient de lui des choses géniales qui font oublier sa robe terne et sa maigreur. Il en devient presque beau.

– Mettez-vous derrière moi. Deux leçons successives presque à l'arrêt, cela ne profite à personne.

Avec Liane comme chef de reprise, nous trottons, galopons, effectuons toutes sortes de figures. Western s'arrondit, donne toute sa fougue, devance ses ordres. Nous regrettons presque de devoir nous occuper de nos montures, parce que nous ratons une partie du spectacle.

– Ouvre-nous la porte, Lise, s'il te plaît. Nous rentrons à cheval à l'écurie.

Western marche droit. Parfaitement concentré, il fait teinter ses fers sur les pavés de la cour.

– Incompatible ! constate Liane en descendant de cheval. Ce poney a besoin d'un cavalier expérimenté dans un corps d'enfant. Cela n'existe pas !

Lise nous a suivis à pied. Elle dirait bien quelque chose, mais Liane semble tellement contrariée !

Tourne, tourne ta langue sept fois dans ta bouche avant de parler, Lise. Quand Liane est en colère…

– Il faut peut-être lui laisser un peu de temps, finit par murmurer Lise.

– Le temps ne fera rien à l'affaire ! Ce poney pète le feu et je ne veux pas d'accident. Vous n'êtes que des débutants ! Si ça continue, il retournera d'où il vient. Je l'ai déjà dit : ici, ce n'est pas un refuge pour animaux en détresse…

Les yeux de Lise se remplissent de larmes :

– Oh ! Liane. Pourquoi es-tu si dure ? Pauvre poney…

– Nous n'avons pas les moyens de créer une œuvre de bienfaisance. Bientôt, nous ouvrirons notre poney-club. Comment crois-tu que nous pourrons tenir ? Sans argent, plus de poneys… du tout ! Pour accueillir des cavaliers, il me faut des poneys corrects, pas des dangers publics.

– Tu ne m'as même pas laissé essayer…

Liane se radoucit :

– Ma petite chérie, je ne veux pas que tu te blesses. Vous n'êtes pas en caoutchouc. J'ai eu très peur pour Célestin, tout à l'heure. L'équitation est un sport risqué, il ne faut pas l'oublier.

Lise joint les mains :

– Demain, j'essaierai. Je suis beaucoup moins bonne que toi, c'est sûr. Mais j'ai envie. Si ça marchait, il pourrait devenir le poney de tout le monde. Il n'est pas très beau. C'est surtout parce qu'il a souffert. Je suis sûre qu'on peut essayer de le remettre en état. Donne-lui encore une chance.

– D'accord, mais je te préviens : s'il te met par terre une seule fois, j'appelle Yohann, et il partira avec les Shetlands à la fin du mois d'août.

– Une fois, ce n'est pas assez. Il y a chute et chute. Si je me retrouve sur mes pieds comme Clara, la première fois, ça ne compte pas.

Liane sourit maintenant :

– C'est toi qui poses tes conditions ?

– Oui ! Une vraie chute, ce sera les fesses ou le nez dans le sable, pas les pieds… ou une main.

– Les pieds ne comptent pas, d'accord. Mais si c'est la main qui touche le sol, cela peut faire une fracture du poignet.

– Qu'est-ce que ces discussions de marchands de tapis ? demande Hugo qui vient juste de nous rejoindre.

– Un truc entre ta sœur et moi, marmonne Lise pour ne pas se retrouver seule contre deux adultes.

8

Préparatifs mystérieux

– Pourvu que ça marche, murmure Lise qui croise les doigts à s'en faire blanchir les articulations.

– Pourquoi tiens-tu tellement à ce poney ?

J'ai sommeil et j'aimerais bien dormir, mais Lise est tellement excitée qu'il y a de l'électricité dans l'air.

– Ce poney est comme moi, personne ne l'aime.

– Tu as déjà dit ça tout à l'heure. Tu sais bien que ce n'est pas vrai. Quand tu étais une peste, il y a des gens qui ne t'aimaient pas. Maintenant, tu es devenue une fille sympa. Même moi, je t'aime ! C'est une preuve… Regarde ! Tu as tellement changé que c'est moi qui ai proposé que tu reviennes dans ma chambre au lieu de t'obliger à rester dans le salon* !

Lise sourit :

– Tu sais, c'est dur de grandir loin de son père. Imagine ! Tu vivrais avec ta mère, comme moi, et tu irais passer quelques jours chez ton père qui a une nouvelle

---

* Voir le tome 1, *Apprentie cavalière*.

femme et une fille à peine moins âgée que toi. Tu crois que ça te ferait plaisir ?

– Peut-être pas. Je ne me rends pas compte.

– Moi, j'ai toujours eu l'impression que tu m'avais volé mon père. Ma mère, elle n'est pas très rigolote. Elle vit seule avec moi et elle travaille. Elle me gronde pour deux, mais elle ne me câline pas pour deux. D'abord, elle n'a pas le temps. Non, tu ne sais pas la chance que tu as !

– Ce n'est pas ma faute, je te le jure. Je n'étais pas née, quand Papa a rencontré Maman, ça tu ne peux pas dire le contraire !

– C'est sûr !

– Liane et Hugo t'aiment, Célestin t'adore, moi, je t'aime aussi. Je suis certaine que tu as des copains à l'école.

– Je leur ai raconté tellement de bobards que je n'ai pas un seul ami fidèle.

– Ça va s'arranger. Tu es devenue différente. Maintenant il faut dormir, ou tu seras incapable de rester sur le dos de Western plus de trois secondes.

– Tu as raison. J'éteins…

Le silence se fait dans la chambre. Je ferme les yeux.

– Hep !

– Oui ?

– Tu es sûre que tu m'aimes ?

– Sûre ! Dors...

– Bonne nuit !

– ... nuit !

Je plonge dans mes rêves... Assise au premier rang d'une sorte d'arène, je porte un pantalon de cow-boy à franges et un chapeau. Nous sommes des centaines à crier de joie.

Au centre, il y a un poney alezan tout maigre avec une selle western sur le dos. Et... dans cette selle, une silhouette mince dont les boucles blondes brillent au soleil à chaque saut du poney.

Je hurle de toute la force de mes poumons :

– Tiens bon, Lise ! C'est toi qui vas remporter la coupe !

Mon cri me réveille. Il fait jour. Lise marmonne je ne sais quoi et cache son visage sous la masse de ses cheveux dorés.

Je suis certaine qu'elle a gagné ce rodéo et je suis presque sûre qu'elle va gagner aussi contre Western ! Vivement cet après-midi !

Après le déjeuner, nous bavardons, Célestin et moi, dans la remise à foin, tandis que la ferme somnole. Aujourd'hui, il ne nous viendrait pas à l'idée d'escalader les ballots et de faire les fous.

L'heure est grave. De la capacité de Lise à rester en selle sur Western dépendra l'avenir du poney.

– Au fait, demande soudain Célestin, où est passée ta sœur ?

– Aucune idée.

Quand on parle du loup… À ce moment précis, Lise traverse la cour et entre dans le pré de devant, une longe à la main. Elle se faufile entre les poneys et va s'installer à l'autre bout, le dos calé contre le tronc d'un pommier.

Nous l'observons discrètement, Célestin et moi.

Les poneys la regardent, puis se remettent à brouter ou à dormir debout, à l'ombre des feuillages.

Un quart d'heure passe. Lise n'a pas bougé ; nous non plus ! Western se met en marche lentement vers elle. Il fait semblant de brouter du bout des lèvres, mais cela n'est pas un hasard, car il trace une ligne droite dans la direction de ma demi-sœur.

Bientôt, son nez effleure les pieds de Lise. Il reste là, tête baissée. De loin, on dirait qu'il la flaire.

Lise attend encore, puis elle avance une main, caresse son chanfrein. Je vois remuer ses lèvres.

Sans doute lui parle-t-elle à mi-voix. Western la pousse du museau. Elle lui tend une carotte, se relève au ralenti, le touche, le frotte du bout de nez à la croupe, avec des gestes calmes, tendres.

Puis elle fixe la longe à son licol, lui donne une autre carotte et l'entraîne vers l'extrémité opposée du pré, juste sous la fenêtre de ma chambre.

Elle s'appuie contre lui, reprend son massage et tourne la tête de tous les côtés, comme pour contrôler qu'elle est bien seule.

Elle monte alors sur une vieille souche et appuie de ses deux mains sur la colonne vertébrale du poney. Après quelques minutes, elle se hisse en travers de son dos et, doucement, passe sa jambe droite de l'autre côté.

Western ne bronche pas. On le dirait endormi.

Lise reste aussi immobile que lui, on croirait une statue à deux têtes.

Au bout d'un interminable moment, elle se laisse glisser à terre et lui offre encore plusieurs carottes. Puis elle enlève la longe et s'assied contre le mur. Western se remet à brouter le plus près possible d'elle.

– Ouah ! dit Célestin. C'était magique.

– Pourvu que ça marche aussi bien tout à l'heure, dans le rond !

9

À Lise de jouer !

La ferme s'éveille. Liane et Hugo sortent de la maison, les chiens s'ébrouent, les poneys se remettent à déambuler dans leur pré.

– Préparez vos montures, dit Liane. Je vous retrouve dans le rond.

Sans nous concerter, puisque c'est évident, je laisse Célestin prendre Chocolat et m'empare d'Apache. Lise s'isole avec Western dans un coin de la cour. Tous trois, nous brossons nos montures avec soin.

Lise ne cesse de parler à mi-voix à son poney dont le regard semble confiant. Ensuite, elle se débrouille pour lui mettre le filet, la selle et même la martingale. Elle continue de lui raconter sa petite histoire que nous aimerions bien entendre, et Western ne bouge pas une oreille.

Nous marchons vers le rond, entrons à la queue leu leu.

Célestin est déjà en selle, je traîne un peu au sol :

– Veux-tu que je le tienne, le temps que tu montes ?

– Oui, c'est sympa !

Lise s'envole souplement avec l'aide de son étrier. Je me dépêche de l'imiter. Et nous gagnons tous la piste.

Western marche, rênes longues, entre nous deux. Il semble très calme.

Hugo et Liane discutent au centre du cercle en le fixant intensément.

– Vous êtes prêts pour marcher au trot ? demande notre monitrice.

– Oui !

– Allez-y !

Célestin passe au petit trot. Lise a à peine raccourci ses rênes. Elle trotte enlevé, retombant sans à-coup dans sa selle, une foulée sur deux.

Western avance, la tête en l'air, plutôt paisible.

– Doublez et changez de main, annonce Liane.

Après quelques tours, elle nous commande de repasser au pas pour ressangler nos poneys.

Lise a du mal à maintenir son poney sur la piste et à contrôler son allure, tout en soulevant le quartier de sa selle pour resserrer les courroies de cuir.

– Veux-tu un coup de main ? demande Liane.

– Non merci ! je m'en sortirai seule… D'ailleurs, ça y est !

– Marchez au trot, ordonne Liane.

Chocolat reprend l'allure traînarde qu'il avait adoptée tout à l'heure.

– Accélère Célestin ! dit Liane. Vos poneys dorment.

Célestin sollicite un peu trop son poney qui bondit en avant. C'en est fini du calme de Western.

Il se jette vers l'intérieur du cercle en ruant. Lise réagit aussitôt. Elle saisit les rênes le plus près possible de la bouche et bloque ses mains le long de l'encolure, tout en basculant son corps en arrière.

Sa tête étant complètement bloquée entre les antérieurs, le poney se trouve déséquilibré, si bien qu'il tombe assis sur sa croupe, comme un chien.

Aussi étonnant que cela puisse paraître, Lise parvient à rester en selle. Western tremble. Peut-être a-t-il mal, ce n'est pas fait pour tenir sur les fesses, un poney !

– Tiens bon ! hurle Liane. Surtout ne tombe pas ! Ouvre tes doigts, penche-toi en avant et donne des jambes, tout ce que tu peux…

Lise suit les consignes et elle y ajoute un cri :

– Western, marche !

Le poney tire sur ses antérieurs, baisse la tête, bande ses muscles et réussit à se remettre debout. Il frissonne encore et chancelle, mais Lise le pousse vers la piste et le force à accélérer. Elle le met au trot, demande le galop. Nous, évidemment, nous nous écartons en vitesse pour ne pas faire échouer la manœuvre.

Une vingtaine de tours plus tard, elle ralentit Western, le remet au pas et le caresse longuement.

– Époustouflant ! dit Hugo. Tu as réussi un sacré coup. Avec un peu de chance, il aura compris que ce sont les hommes qui commandent.

Liane hoche la tête, sans prononcer un mot.

– On peut aller faire une petite promenade tous les trois ? demande Lise.

– Cela ne me paraît absolument pas raisonnable, s'exclame Liane.

– Western a bien mérité une récompense.

– Une balade minuscule, alors… et à condition que je vous accompagne. Attendez-moi quelques minutes, je vais chercher Bunny.

Liane court vers le pré du fond. Elle fixe une longe au licol de son cheval, le fait sortir et saute sur son dos à cru. Quelques minutes après, elle nous précède en direction du bois qui hérisse le coteau non loin de la ferme.

Cela fait du bien un tour en forêt lorsque le soleil de juillet chauffe tout ce qui ne se trouve pas à l'ombre des arbres.

Nous avançons au pas, trop fatigués pour parler, trop étonnés pour commenter l'événement. Puis nous rentrons à la ferme et douchons nos poneys…

10

Gagné !

Le soir, au moment de rentrer à la maison, Lise demande :

– Je pourrai recommencer demain ? Le mois de juillet est presque terminé. Après, je vais être tellement privée !

– Bien sûr ! répond Liane. Tu as gagné. Tu as tous les droits sur Western jusqu'à nouvel ordre.

– C'était quitte ou double, explique Hugo. C'est un mauvais jeu de mots pour un double poney, je l'avoue. Tu chutais, il nous quittait, tu réussissais à le mater, tu avais ton double poney.

– À moi ?

– Quand tu es à la ferme… Imagine la tête de ton père si nous mettions Western à ton nom. Il en ferait une syncope !

– Il faudra que d'autres cavaliers puissent aussi le monter, affirme Liane. Hugo plaisante. Western doit devenir un poney de club. Je suis désolée de rester affreusement terre à terre, mais nous ne pouvons pas destiner ce poney au seul usage de Lise.

– Cela devrait marcher, répond Lise. Il n'y a pas de raison. Il faudra juste un peu de temps pour qu'il s'habitue et, ensuite, vous verrez, il deviendra le meilleur de tous.

Liane fait la moue. Hugo, par contre, prend Lise par les épaules et l'embrasse :

– Tu sais ce qui me fait le plus plaisir dans cette histoire, mam'zelle Lise ?

– Non !

– C'est que tu es devenue une fille super et que tu t'es battue pour une bonne cause. Je t'ai même vue brosser un poney avec plaisir, toi la plus fainéante des palefrenières.

Lise hausse les épaules :

– Je finis par y prendre goût. Et Western m'aime... Vous aussi, je crois. Alors cela me rend toute douce.

– Je pense que c'est une bonne raison pour accorder toutes ses chances à Western, confirme Liane. Nous prendrons notre temps pour qu'il devienne un poney de club comme les autres. Allez ! il est l'heure de dîner. Sauvez-vous, les filles !

Le jour suivant, Lise enfourche Western en confiance et elle a raison. Le poney demeure fougueux, mais il obéit au moindre de ses ordres.

– On croirait une Formule 1, explique-t-elle à la fin de la séance. Quand j'ouvre mes doigts, il fuse comme une voiture de course. Si je mettais vraiment les gaz, nous serions les plus rapides du monde.

– Règle bien ta pédale de frein, plaisante Hugo, tu n'es pas sur un hippodrome !

– Dommage ! Je suis sûre qu'il battrait même des Pur-sang.

Liane sourit :

– Il va falloir utiliser cette énergie pour autre chose. J'espère que tu y parviendras et d'autres cavaliers, aussi…

Moi, la comparaison avec une Formule 1 m'amuse moyennement. Dire qu'il me faudra remonter sur Western quand Lise disparaîtra de la ferme pour un long mois !

Le dernier jour de juillet est arrivé et nous sommes atrocement tristes.

– Cet après-midi, annonce Liane, je vous propose des jeux à poneys.

Entre les chaises musicales, « un, deux, trois, soleil ! » et mille autres jeux inventés par Hugo, la joie reprend le dessus et nos rires résonnent dans le rond de sable.

– Si nous faisions une course de relais, suggère Liane. Chacun doit effectuer deux tours de manège au galop, puis échanger son poney avec le suivant.

Sans avoir eu le temps de réfléchir, je me retrouve sur le dos de Western. Puis c'est le tour de Célestin.

Ébahis, nous constatons après coup qu'il n'a même pas essayé de nous éjecter. Il est chaud, comme dit Liane, mais plus dangereux du tout.

– Je ne veux pas rentrer à Paris, renifle Célestin.

– Nous allons construire le manège couvert en août, dit Hugo, et ouvrir le poney-club le plus rapidement possible. Tu n'auras qu'à demander à tes parents de t'amener le week-end.

– Et pendant les vacances, ajoute Lise. Liane et Hugo leur feront un prix d'amis pour que tu puisses nous retrouver. N'est-ce pas ? Mais c'est vrai... Ça va être horrible de partir loin de vous tous.

– Si vous croyez que cela va être drôle pour moi ! dis-je.

– Toi ! tu ne seras pas la plus malheureuse, rétorque Lise. N'oublie pas que tu restes à la ferme.

Elle a raison et je vais trouver des solutions pour ne pas m'ennuyer au mois d'août. Avec plus de cinquante poneys à cajoler, cela devrait compenser un peu leur absence...

À suivre...

L'auteur, Mireille Mirej

« Tous les sujets m'intéressent : les enfants, les animaux, les soucis ou les bonheurs de la vie... J'ai quand même un faible pour les chevaux – et les poneys ! D'ailleurs, ils me portent chance, puisque mon premier livre, *Un cheval de prix*, parlait déjà d'eux. En général, j'écris la nuit. Et je vais me coucher lorsque les oiseaux commencent à chanter. Le jour, je vais souvent rencontrer des enfants dans leur classe. J'aime leur donner envie de lire et d'écrire pour apprendre et rêver. C'est tellement important. »

L'illustrateur, Bruno Pilorget

L'illustrateur est né en 1957 à Vannes. Après deux ans passés à étudier aux Beaux arts de Lorient, il se lance dans l'illustration. Il débute pour Gallimard en 1982. Depuis il a illustré de nombreux romans, contes ou albums chez différents éditeurs. Il a vécu douze ans à Paris, puis est parti vivre avec sa femme, auteur-illustratrice, et ses deux garçons, près de la mer du golfe du Morbihan, à Arradon.

Table des matières